JOHDATUS TALOUDELLISEEN AJATTELUUN

PER L. BYLUND

Translated by Thomas Brand

Edited by @realkeksi

KONSENSUS NETWORK

Edited by @realkeksi

Translation team: Thomas Brand, Miika Leinonen, Muut käännöksen, Morten, Remu ja Elias

Cover design and typesetting by Konsensus Network

ISBN 978-9916-723-79-1 Hardcover

978-9916-723-80-7 Paperback

978-9916-723-81-4 Ebook

KONSENSUS NETWORK ★ https://konsensus.network

Mises Institute omistaa tämän teoksen kaikille anteliaille tukijoille ja haluaa erityisesti kiittää näitä tahoja:

Hyväntekijät

Anonymous, hra Ben Davenport, hra James P. McMahon Gregory ja Joy Morin, hra Akihiko Murai, Satoshi Nakamoton kunniaksi Everett ja Kathy Nelson, hra William C. Newton, Centro Salinas Pliego hra Eric R. Schwarz, hra ja rva Gary J. Turpanjian hra ja rva Roe Young

Mesenaatit

hra Abdelhamid Abdou hra J. Terry Anderson, hra Dimitrios Andreou, Bob ja Rita Bost hra Matthew Bowler, hra Glenn D. Boyer, Jumalan kunniaksi hra David Capshaw, hra Andrew W. Cleveland III, tri Ernest N. Curtis Robert ja Amyrillis Davis, hra Remy Demarest hra ja rva Jason Dreyzehner, hra ja rva Joe D. Edge hra Thomas J. Fitzsimmons, T.J. ja Ida Goss Juliana ja Hunter Hastings, hra Charles T. Hatch, hra Paul Haugen hra R. Anderson Hord III, tri ja rva Steve Hryszczuk hra Aron D. Huddleston Lew Rockwellin kunniaksi Bernard ja Joan Koether, George F Koetherin muistolle hra Karl Krutsch, Hunter Lewis ja Elizabeth Sidamon-Eristoff rva Laurie Lyford, hra Matthew McAndrews hra Joseph Edward Paul Melville, hra ja rva Fritz von Mering hra Zoran Mitrovski, hra James Nardulli, hra Jan Niessen, hra Paul F. Peppard Tohrorit Thomas W. ja Leonora B. Phillips, Plus Minus, Inc. hra Jeffrey S. Skinner, Elan ja Ella Skinnerin kunniaksi hra Murry K. Stegelmann, hra David B. Stern, hra Rick Teller, textittop dog™ tri Thomas L. Wenck, hra ja rva Michael Whelen hra Joseph Withrow, Madison Lynnin ja Isaiah Josephin kunniaksi hra ja rva Walter F. Woodul III, hra Daniel Yi

Lahjoittajat

hra Larry Abrams, hra Sumeet Adur, tri Thomas T. Amlie, Anonymous hra Scott Banfield, hra Theodore Barnett, tri John Bartel Pappi ja rva Larry Beane, hra Shaun Bradley, tri Nathan Brady hra Bryan Lee Briggs, hra Dennis P. Bruyere, hra Dennis M. Campbell hra Lee M. Carey, hra Mark Carroll, Mike B. ja Lorie R. Carstensen hra Jonathan Coe, hra Michael Collins, hra Justin Costley hra Jim Courter, Joseph A. Courter vanhemman muistolle The Hendricks-Cox Foundation hra Carl S. Creager, hra Ján Ďaďo, Charles W. Dean, lääkäri David Deforest, hra ja rva Dan Derby, III, John Galt hra G. Paul Didier, hra Paul J. Dietrich hra Randall Dollahon, Kathleen Lacey'n kunniaksi hra Bryan Elliott, Claire ja Maura Elliottin kunniaksi hra Steven G. Farrall, hra Peter Francis Fenwick, Ev. James Finger Willard and Donna Fischer, hra David Fligel hra Bo Fredricsson, Murray Rothbardin muistolle hra and rva David Fusato, hra Steve Gamble, hra Christopher Georgacas tri Elizabeth Gesenhues, hra Gary Halpin, hra Charles F. Hanes hra and rva Jeffrey Harding, hra Charles Howard Hartman hra Jeff Hattem, Per Bylundin kunniaksi, hra Sheldon Hayer hra William N. Haynes, hra Michael Heil, Sassan S. Hejazi, PhD tri Frederic H. Herman, hra Nathan Hines hra ja rva Allen D. Houtz, Micah L. Houtzin kunniaksi tri Stefan Hubrich, hra Jeffrey J. Jean hra Quest Jelinek, Chris Jelinekin kunniaksi hra Dan Johnson ja neiti Randee Laskewitz, hra Wesley Johnson hra Franklin Keller, tri Matthias G. Kelm hra Tam Kemabonta, Abiye Geoffrey'n kunniaksi hra ja rva James E. Klingler, hra Alexandros Konstantinidis hra Lawrence Lahusen, hra Stephan Livera, hra Donald Lovelace Douglas J. Mackenzie, lääkäri, Joseph R. Mackenzien muistoksi hra Bruce S. Markel III tri and rva Charles W. Martin, Lapsenlapsiemme kunniaksi: Tom III, Will, ja Henry Strandwitz hra Ralph Martins, hra ja rva Joseph Matarese, hra

Chester McKinney nuorempi. hra Lonnie McQuirter, hra Kevin Menard, hra Mauro Miranda, CFA, FRM hra Brian Moore, tri Lyle E. Muller, hra Gary J. Myre, hra Ernest L. Ortiz hra Andrew Packer, hra Michael Page, hra Scott M. Parks, hra Brian Paulsen hra Steven Potter, hra Joel Price, hra T. James Reynolds hra Scott Richardson, Neiti Joan Riemer, hra Jorge F. Roca Arteta hra Patrick Rosenwald, Sofia Rosenwaldin kunniaksi hra Thomas S. Ross, hra Gabe L. Royer hra Timothy Rozmajzl, R. Nelson Nashin muistolle tri Murray Sabrin, hra Keith Sarbaugh, David ja Elaine Sarosi hra William P Sarubbi, hra William Schnuckel, hra Kenneth L. Schweitzer hra Stephen C. Sebastian, tri Prakash Seshadri hra Jack Seward nuorempi, hra Brian Sharpe tri ja rva Paul L. Shetler, kapteeni Martin Greenen muistolle, Yhdysvaltain asevoimat rva Lorraine Smith, Geoffrey Stansfieldin muistolle tri ja rva G. Keith Smith, hra Jay L. Smith, hra Craig Stasi hra Richard L. Stees, hra Edward Stikeleather, hra Byron L. Stoeser hra Emanuel Mark Strategos, hra Timothy Streid tohtorit Benjamin ja Rosanne Thurman, hra Gregory James Tisdale hra Peter Towers, hra Thomas E. Verkuilen, tri James H. Vernier hra Reginald Victoria, hra Joe Vierra, Villersin suku hra Mark Walker, hra C. David Walker hra Skippy Weil, Martin Luther Kingin muistolle hra Donald G. Weiss, Richard Ogden Weissin muistolle hra Matt Wesley, hra Bryant Williams, hra Jerry K. Williams Richard ja Susan Williams, Kirby ja Andra Wisian Malcolm ja Gerlinde Wittig, hra William B. Zieburtz nuorempi

Carl Mengerille, Ludwig von Misesille ja muille jättiläisille, joiden harteilla seisominen on minulle suuri kunnia.

Vuonna 1982 perustettu MISES INSTITUTE on itävaltalaisen taloustieteen koulutus- ja tutkimuskeskus. Ludwig von Misesin, Murray N. Rothbardin, Henry Hazlittin ja F. A. Hayekin edustaman ajattelusuuntauksen tukemiseksi Mises Institute julkaisee kirjoja ja lehtiä, tukee opiskelija- ja ammattilaiskonferensseja ja tarjoaa verkko-opintoja. Mises.org-verkkosivulta löytyy suuri määrä maksutonta aineistoa kaikille vapausaatteesta kiinnostuneille. Mises Institute kannattaa radikaalia muutosta aatteellisessa ilmapiirissä: pois valtiouskoisuudesta ja kohti yksityisomistukseen perustuvaa järjestystä.

Lisätietoja saat osoitteesta mises.org tai kirjoittamalle meille sähköpostia osoitteeseen info@mises.org.

Englanninkielisen alkuteoksen julkaisi Mises Institute vuonna 2022.

518 West Magnolia Avenue

Auburn, Alabama 36832

mises.org

Sisällys

Esipuhe

Tämän pienen opuksen tavoitteena on saavuttaa jotain suurta: vahvistaa talouslukutaitoa. Kirja on pidetty tarkoituksella hyvin lyhyenä, jotta se olisi pikemminkin helposti lähestyttävä kuin pelottava, kuten taloustiedettä käsittelevät kirjat yleensä ovat. Jos onnistuin tavoitteessani, saat lähes hetkessä elämää mullistavan näkemyksen siitä, miten talous toimii. Saat paljon arvoa hyvin edulliseen hintaan.

Tämä teos saattaa myös yllättää odotuksesi ja innostaa sinut opiskelemaan taloustiedettä, siis talouslukutaito avartaa mieltäsi. Hyvä taloudellinen hahmotuskyky on valtavan voimallinen työkalu niin talouden, kuin sitä laajemman yhteiskunnan ymmärtämiseksi. Se paljastaa, mitä pinnan alla tapahtuu ja miksi asiat ovat niin kuin ne ovat. Talouslukutaito on oikeastaan välttämätöntä nykymaailman ymmärtämiseksi asianmukaisesti ja perusteellisesti.

On kuitenkin myös täysin mahdollista, että olen epäonnistunut pyrkimyksissäni. Jos näin käy, olisin hyvin kiitollinen, jos kertoisit minulle, missä menin vikaan ja miten olisin voinut parantaa. Voit löytää minut helposti verkosta, joten jaa ajatuksesi kanssani. Pyydän, että annat tämän kirjan jollekin toiselle. Heillä saattaa olla parempi onni ja he voivat ehkä saada siitä enemmän irti. Kirja ei kuitenkaan ollut niin kovin kallis – sehän on itse asiassa melko halpa. Ehkäpä opit siitä silti jotain?

Monet ihmiset ovat auttaneet minua käsikirjoitusta valmistellessani. Haluan erityisesti kiittää Porter Burkettia, Susanne Bylundia, Richard Gajania, David Gordonia, Jonathan Newmania ja Mikael Nordinia, jotka antoivat palautetta käsikirjoituksen aiemmista luonnoksista. Kaikki jäljelle jääneet virheet voi laittaa ainoastaan omalle kontolleni.

Vilpittömät kiitokseni myös niille monille ihmisille, jotka ovat lahjoittaneet avokätisesti tämän kirjan loppuunsaattamiseksi, ja Mises Institute -järjestölle siitä, että yhteisö tarjosi minulle mahdollisuuden esitellä itävaltalaista talousajattelua suurelle yleisölle lyhyessä, helpossa ja lähestyttävässä muodossa.

Per Bylund
Tulsa, Oklahoma
Heinäkuussa 2022

Esipuhe suomenkieliseen painokseen[1]

Taloustieteilijä Thomas Sowell[2] kirjoitti vuonna 1993 ilmestyneessä esseekokoelmassaan: "Taloustieteen ensimmäinen oppitunti on niukkuus: mitään ei ole koskaan riittävästi kaikkien niiden tyydyttämiseksi, jotka sitä haluavat. Politiikan ensimmäinen oppitunti on jättää taloustieteen ensimmäinen oppitunti huomiotta."[3]

Sowellin sanat eivät luultavasti ole koskaan olleet niin ilmeisen totta kuin tänään. Nykypäivän politiikassa ei oteta huomioon niukkuutta tai taloustiedettä. Poliitikot, virkamiehet ja asiantuntijat eivät enää teeskentele ymmärtävänsä taloudellisia perusseikkoja, vaan näyttävät jopa ylpeilevän sillä, että he ajavat politiikkaa, joka on vastoin järkevän taloustieteen periaatteita.

Poliitikkoja ei kuitenkaan ehkä pitäisi syyttää siitä, että he eivät pidä taloustieteestä; niukkuudesta nyt puhumattakaan. Poliitikoilla ei ole mitään syytä pitää taloustieteestä. Heillä on sitä paremmat mahdollisuudet tulla (uudelleen) valituiksi ja hankkia vaikutus-

[1] Käännös Per Bylundin artikkelista "Wanted: Economic Literacy". Kirjoitus ilmestyi 14. syyskuuta 2022 AIER:in verkkosivuilla osoitteessa: https://www.aier.org/article/wanted-economic-literacy/

[2] Tutustu Sowelliin ja hänen tuotantoonsa: https://www.tsowell.com/

[3] Sowell, Thomas, Is Reality Optional?: And Other Essays. Stanford, CA: Hoover Institution Press, 1993.

valtaa, mitä vähemmän he ottavat huomioon "näkymättömän"[4] eli heidän toimistaan syntyvät kustannukset ja sen, mitä näiden toimien vuoksi menetetään (toteutumattomat asiantilat). Heidän pitäisi siis odottaa toimivan juuri näin eli jättävän taloustieteen huomiotta. Väestö ei ymmärrä lupausten mahdottomuutta, jonka vuoksi poliitikot pääsevät kuin koira veräjästä.

Taloudellinen lukutaidottomuus on ydinongelma

Poliitikkoja voi ylenkatsoa sen takia, että he käyvät opportunistista kilpaa muiden ihmisten rahoista ja heidän rahoillaan, mutta ongelma johtuu ihmisten keskuudessa yleisesti vallitsevasta taloudellisesta lukutaidottomuudesta. Poliitikot kohtaavat vain vähän tai eivät lainkaan vastarintaa. Heidän ajatuksiaan harvoin kyseenalaistetaan, vaikka he ajavat taloudellisesti katastrofaalista politiikkaa. Poliitikot voivat hyväksyä aina vain suurempia elvytyspaketteja, hyvinvointivaltion laajentamista, loputtomia sotia tai yritystukia, koska ihmiset eivät ymmärrä talouden toimintaa.

Tässä mielessä saamme sitä mitä tilaamme. Tai hieman toisin sanottuna saamme politiikkaa, jota emme kykene viisaasti torjumaan. Äänestäessämme ja ilmaisemalla tukemme poliitikoille ja politiikalle, tietämättömyytemme ei auta meitä väistämään kestämättömän ja tuhoisan politiikan seurauksia. Kaikella on hintansa. Ymmärsimme sitä tai emme, hinta on todellinen. Minkä taakseen jättää, sen *todellakin* edestään löytää.

Miten voi olla mahdollista, että meillä on vuosikausia kestävä opetus- ja koulutuspolku, jonka lopuksi ihmisillä ei ole juuri minkäänlaista talouslukutaitoa? Osa vastauksesta on todennäköisesti

[4] Ks. Frédéric Bastiat, "Näkyvä ja näkymätön". Taloudenperusteet.com, suom. Petri Kajander. Luettavissa: https://www.taloudenperusteet.com/kirjoja/kirjoituksia-taloudesta/mita/

se, että taloustieteen opetus on surkeaa eikä siinä keskitytä siihen, että opiskelijat ymmärtäisivät markkinatalouden toimintaa edes auttavasti. Tämän lisäksi voi olla muitakin mahdollisia seikkoja, mutta tämä on perustavanlaatuinen seikka.

Taloustieteen opetuksessa keskitytään väärään asiaan ja väärällä tavalla. Talouden toimintaa voisi kuvata jännittävälläkin tavalla. Sen sijaan taloustieteilijät onnistuvat karkottamaan ihmiset taloustieteen parista. Monet ihmiset jopa hylkäävät taloustieteen "ideologiana".

Yhteiskuntatieteiden kuningatar

Usein yhteiskuntatieteiden kuningattareksi kutsuttu taloustiede on yhteiskuntatieteistä ylivoimaisesti hankalin, epäideologisin. Se on ehkä tieteenala, joka on vähiten avoin ideologiselle väännölle.[5] Taloustiede oikein harjoitettuna on niin kovaa tiedettä kuin vain voi olla. Se on fysiikkaakin kovempaa tiedettä.

Talousteoria on perinteisesti ollut deduktiivista. Tällä tarkoitetaan sitä, että asiat johdetaan loogisesti jostakin järkevästä tai oikeasta lähtökohdasta. Tästä syystä taloustieteessä on ollut yksinkertaisesti hyvin vähän tilaa ideologisille pohdinnoille. Teoria voi olla väärä tai ideologisesti latautunut kahdella tavalla: joko lähtökohta on normatiivinen tai ideologisesti vinoutunut *tai* logiikka on virheellinen jollakin ideologisella tavalla.

Itävaltalainen taloustiede on deduktiivisesti johdonmukaisin talousteorian perinne. Itävaltalaisen loogisen päättelyn lähtökohta on toiminta-aksiooma, jonka mukaan toiminta on *tarkoituksenmukaista käyttäytymistä*. Toiminta suuntautuu toisin sanoen aina

[5] Bylund, Per. "Is Free Market Economics Too Ideological?" Mises Wire, 20. helmikuuta 2020. Luettavissa: https://mises.org/wire/free-market-economics-too-ideological

jonkin omakohtaisesti arvostetun päämäärän saavuttamiseksi.

Itävaltalaista taloustiedettä arvostellaan ankarasti, ja monet kriitikot[6] väittävät sen olevan ideologisesta, mutta tällainen kritiikki perustuu perustavanlaatuiseen väärinkäsitykseen. Itävaltalainen talousteoria on puhtaan deduktiivista, joten ideologisuus on löydettävissä joko toiminnan määritelmästä tai siitä johdetuista loogisista päätelmistä. Yksikään kriitikko ei ole kuitenkaan onnistunut osoittamaan, miten ihmisen toiminta tarkoituksenmukaisena käyttäytymisenä itsessään on ideologinen väite, eikä sitä, mitkä loogiset johtopäätökset ovat perusteettomia tai normatiivisia.

Kutsutaan kriitikot paikalle, suljetaan opiskelijat ulos

Valitettavasti valtavirtainen taloustiede ei ole läheskään yhtä johdonmukaisen deduktiivista kuin itävaltalainen taloustiede. Tämä tarkoittaa sitä, että valtavirtaisen taloustieteen parissa tapahtuva teoreettinen kehittäminen on suurpiirteisempää ja siten suuremmassa vaarassa sortua normatiivisuuteen. Tämä ei tarkoita sitä, että valtavirtainen taloustiede olisi ideologisempaa, vaan ainoastaan sitä, että se on suuremmassa vaarassa olla ideologisempaa, elleivät tutkijat ole hyvin varovaisia tutkimustensa suhteen. Itävaltalaisesta näkökulmasta tarkasteltuna valtavirtainen avaa taloustieteellisen tutkimuksen tarpeettomalle kritiikille ja epäluuloisuudelle.

Sen sijaan, että valtavirtainen taloustiede olisi palannut taloustieteellisen tutkimuksen juurille ja sen oikealle perustalle (deduktiivinen teoretisointi), se siirtyi viime vuosisadan aikana päinvastaiseen suuntaan: siinä hyödynnetään teorian kustannuksella ennemmin formalisoitua mallintamista ja empiiristä analyysiä.

[6] Bylund, Per (2020). Is Austrian Economics Ideological? Power & Market, 26.8.2020. Luettavissa: https://mises.org/power-market/austrian-economics-ideological

Tämä tarkoittaa, että sen piirissä kehitetty teoria ei ole yhtä luotettavaa kuin talousteoretisointi oli ennen, mutta lisäksi asiat ilmaistaan tavoilla, joita vain alan asiantuntijat osaavat lukea ja tulkita.

Taloustiede muistuttaa nykyään suurelta osin fysiikkaa, mikä antaa tutkimukselle tietynlaista näennäistä "kovuutta". Tästä illuusiosta taloustieteilijät hyötyvät monin tavoin. Taloustieteilijät voivat esimerkiksi hyödyntää teknistä osaamistaan ja pääsyään valtaviin tietomassoihin tuottaakseen hyvin tarkkoja ennusteita, joita voidaan hyödyntää tietynlaisen politiikan ajamiseen tai sen vastustamiseen. Tämä on johtanut siihen, että taloustieteilijät ovat päässeet vallan kamareihin ja saaneet merkittävän jalansijan poliittisessa päätöksenteossa, vaikka heidän ennusteensa ovatkin osoittautuneet kerta toisensa jälkeen vääriksi.

Tehdään taloustieteestä jälleen suuri

Nykyisen valtavirtaisen, erittäin teknisen taloustieteen ongelmana on, että taloudellinen päättely, joka oli koko tutkimusalan ydin ja loi perustan nykyaikaiselle taloustieteelle, näyttää vaipuneen entistä syvemmälle historian hämäriin. Nykyaikainen taloustiede on täynnä virheitä ja virhekäsityksiä, ja lisäksi se on melko hyödytöntä tavallisten ihmisten kannalta.

Taloustieteen opiskelu oli ennen mieltä avartavaa. Taloudellinen ajattelutapa, joka on jyrkässä ristiriidassa muodollisten mallien ja kehittyneen tilastollisen analyysin kanssa, tarjoaa perustavanlaatuisen ymmärryksen meitä ympäröivästä todellisuudesta. Taloudellinen ajattelu on valaisevaa, koska sen avulla voimme nähdä ja ymmärtää mekanismeja ja prosesseja, jotka saavat aikaan havaitsemiamme ilmiöitä.

Tämä kirja tarjoaa sinulle mahdollisuuden parantaa talouslukutaitoa siinä mielessä kuin taloustieteen opiskelu ennen vanhaan paransi sitä. Taloudellisen lukutaidon parantaminen on taloustieteen historiallista perintöä. Heti ensimmäisen luvun alussa totean:

> "Taloustiede on jännittävä tutkimusala.
>
> Entisaikojen taloustieteessä pyrittiin selvittämään, miten maailma toimii. Se osoitti tai jopa todisti, että maailmassa vallitsee luonnollinen järjestys. Näennäisessä kaaoksessa on rakenne. Taloudella on jonkinlainen oma elämä; sillä on oma luontonsa tai olemuksensa. Tämä tarkoittaa sitä, että voimme tutkia taloutta ja oppia sen toiminnasta. Toisaalta emme voi vapaasti peukaloida taloutta mielihalujemme mukaan, sillä emme kykene asettamaan taloutta sellaiseen asentoon, joka ei muutoin ole sen luonteen mukaista. Talous toimii tietynlaisten "lakien" varassa, ja nuo "lait" ovat muuttumattomia. Viimeisen kolmen vuosisadan ajan taloustieteilijät ovat pyrkineet tunnistamaan, oppimaan ja ymmärtämään näitä lakeja."

Taloustiede todella loistaa tarjotessaan perustavanlaatuista ymmärrystä maailmasta, ja sillä voi olla myönteinen vaikutus yhteiskuntaan. Taloustiede saa alkunsa niukkuuden käsitteen ja sen vaikutusten ymmärtämisestä, kuten Thomas Sowellin "ensimmäinen oppitunti" opettaa. Taloustieteen rakenne syntyy tämän perustavanlaatuisen seikan ympärille.

Taloustiede on hyvin todellisessa merkityksessä *ajattelutapa*, joka valaisee jatkuvasti niiden ihmisen elämää, jotka hallitsevat tämän tieteenalan perusteet. Kyse ei ole apulauseiden tai mallien ulkoa opettelemisesta tai teknisesti hienostuneiden menetelmien sisäistämisestä. Kyse on jostain paljon perustavanlaatuisemmasta: pyrkimyksestämme *ymmärtää* sitä, miten maailma toimii.

Per Bylund
Tulsa, Oklahoma
Syyskuussa 2022

SUOMENTAJAN ESIPUHE

Taloustieteen ja talouden ymmärtämisen ilo kuuluvat kaikille. Taloudellisen valistustyön suurin haaste nykyaikana on siinä, että taloutta pidetään epäilyttävänä ja taloustiedettä puolestaan ennusteleikkinä. Tämä Per Bylundin kirjoittama tiivis kirja on johdatus *itävaltalaisen*taloustieteen perusteisiin. Se ei ole ensimmäinen suomennettu teos itävaltalaisesta taloustieteestä, mutta se on ensimmäinen kokonaisvaltainen johdantoteos. Kirja sopii niin vasta-alkajille kuin edistyville taloustieteestä kiinnostuneille lukijoille.

Taloustiede on *teoriassa* helppoa, *käytännössä* vaikeaa. Taloustieteessä on pohjimmiltaan kyse toiminnasta, kuten Bylund toistuvasti korostaa. Resurssit ovat niukkoja, niillä on monenlaisia vaihtoehtoisia käyttökohteita ja meidän on jatkuvasti tehtävä valintoja eri vaihtoehtojen suhteen. Taloustieteessä on kyse ihmisten valinnoista (ja niiden tahattomista seurauksista). Kaikilla valinnoilla on *hintansa*, joka suhteutetaan parhaaseen vaihtoehtoon (vaihtoehtoiskustannukset). Olet päättänyt lukea tämän kirjan, joten lukemisen hinta on lukemiseen käyttämäsi aika, sillä olisit voinut käyttää niukan aikasi jollain muulla tavoin.

Kannustimilla on merkitystä, kuten hyvin suosituista taloustieteen oppikirjoistaan tunnettu Harvardin yliopiston taloustieteen professori N. Gregory Mankiw on todennut. Muutokset kannustimissa ja muutoksiin vastaaminen ovat taloustieteen keskeinen mielenkiinnon kohde. Ihmiset tekevät jotain *vähemmän*, kun sen tekemisen kustannukset *kasvavat* – ja jotain *enemmän*, mikäli kustannukset *pienenevät*. Instituutiot ovat puolestaan kollektiivisesti jaettuja intersubjektiivisesti tosiksi elettyjä sääntöjoukkoja ja nekin vaikuttavat kannustimiin, joten käytännössä erilaiset instituutiot saavat aikaan *erilaisia* päätöksiä – ja erilaiset päätökset johtavat *erilaisiin* lopputulemiin. Ihmiset päättävät asioista "vaiheittain" ja rajahintaa ja -kustannusta vertaillen, koska kaikkea ei voi saavuttaa yhdellä kertaa.

Itävaltalaisessa taloustieteessä lähtökohta on *toiminta-aksiooma* eli ajatus, jonka mukaan ihmiset toimivat tavoitteellisesti. Ihminen huomaa tarpeitaan tyydyttäessään vaihdannan keskeisen roolin, koska se tukee hänen tavoitteidensa saavuttamista. Ihmisten ei tarvitse tietää muiden tavoitteita saavuttaakseen omansa. Vaihdanta ei myöskään ole riistoa tai hyväksikäyttöä, koska kaikki vaihdannan osapuolet toivovat saavuttavansa tässä tapauksessa kaupankäynnillä paremman lopputilanteen kuin käymättä kauppaa. Vaihdanta puolestaan mahdollistaa erikoistumisen työnjaon kautta. Tämä edesauttaa tuottavuuden – ja lopulta hyvinvoinnin – kasvua. Ihmiset vaihtavat, jos ja vain jos vaihdannan molemmat osapuolet uskovat hyötyvänsä vaihdosta.

Voitoilla ja tappioilla on todellista merkitystä, koska voitot kertovat *arvon tuottamisesta* ja tappiot puolestaan niukkojen resurssien tuhlaamisesta eli *arvon tuhoamisesta*. Voitot ja tappiot ovat informaatiota, mutta ne eivät kerro, miten maailman pitäisi olla. Ne kertovat vain siitä, mitä ihmiset arvostavat suhteessa muihin vaihtoehtoihin. Ne eivät kerro, että näin pitäisi tehdä suhteessa kaikkiin muihin vaihtoehtoihin, eivätkä ne myöskään sinällään kerro sinun toimivan muiden etujen mukaisesti tai niitä vastaan.

Voitto on vain merkki resurssien kannalta "hyvästä" päätöksestä ja tappio puolestaan "huonosta".

Tämä kuulostaa itsestäänselvyyksien toistamiselta, mutta käytännössä – kuten Bylund kirjassaan osoittaa – perusasioiden ymmärtäminen on keskeistä ihmisten ja markkinoiden monimutkaisen taloudellisen toiminnan ymmärtämiseksi. Toisaalta taloudellinen ajattelutapa tarjoaa työkaluja, joiden avulla muun muassa valtion sääntelytoimien vaikutuksia ihmisten toiminnalle on mahdollista tarkastella arvovapaasti. Valtion toimet voivat vähentää niin sanottuja transaktio- eli liiketoimikustannuksia, mutta samalla ne voivat myös pahentaa ongelmia entisestään.

Bylund osoittaa, että markkinat eivät *koskaan* ole (tai voi olla) keskussuunnittelijan ohjaksissa. Markkinat ovat pikemminkin *prosessi*: markkinat reagoivat kuluttajien muuttuviin haluihin ja yrittäjät pyrkivät tekemään voittoa palvelemalla kuluttajia mahdollisimman hyvin. Markkinoiden toimintaa koordinoidessaan yrittäjät puolestaan tukeutuvat modernissa rahataloudessa rahassa ilmaistuihin hintoihin. Tai kuten Ludwig von Mises kirjoitti jo vuonna 1922 julkaisemassaan kirjassa *Socialism: An Economic and Sociological Analysis*:

> Markkinoita ja niiden hintojen muodostumiseen liittyviä toimintoja ei voi erottaa sellaisen yhteiskunnan toiminnasta, joka perustuu tuotantovälineiden yksityisomistukseen. – – Koko prosessin liikkeellepaneva voima, joka johtaa tuotannontekijöiden markkinahintoihin, on kapitalistien ja yrittäjien lakkaamaton pyrkimys maksimoida voittonsa palvelemalla kuluttajien toiveita. Ilman yrittäjien (osakkeenomistajat mukaan luettuina) pyrkimystä ansaita voittoa, maanomistajien pyrkimystä ansaita vuokria, kapita-

> lismin pyrkimystä ansaita korkoa ja työntekijöiden pyrkimystä ansaita palkkaa koko mekanismin toimintaa on mahdotonta ymmärtää. – – Jos voiton mahdollisuus katoaa, markkinamekanismilla ei ole enää liikkeellepanevaa voimaansa, sillä vain nämä mahdollisuudet tehdä voittoa saavat sen liikkeelle ja pitävät sen liikkeessä. Markkinat ovat siis kapitalistisen yhteiskuntajärjestyksen keskipiste; ne ovat kapitalismin ydin. Siksi se on mahdollista vain kapitalismissa. – –"[7]

Bylund pureutuu itävaltalaiseen näkemykseen rahan synnystä ja rahassa tapahtuvan laskennan eli rahalaskennan perustavanlaatuisesta roolista markkinoiden toiminnassa.

Rahaan perustuvalla laskennalla on keskeinen rooli markkinataloudessa, joten valtiollisen rahan olemassaolo muodostaa perustavanlaatuisen ongelman markkinakoordinaatiolle. Inflaatio ja luotonlaajentaminen ovat myrkkyä markkinoiden harmoniselle toiminnalle, koska tällaiset häiriötekijät *vääristävät* laskentaa ja voivat kiihdyttävät *virhe*päätöksiä. Bylund huomauttaa itävaltalaisuutta valottaessaan, että valtion puuttuminen ihmisten toimintaan maksimoi vaikutusvaltaisten eturyhmien lyhytaikaiset edut ja aliarvioi pitkällä aikavälillä ilmeneviä sääntelyn aiheuttamia ongelmia.

Taloustieteessä ei ole kyse "rahasta" tai "ahneudesta". Taloustiede on ihmis- ja yhteiskuntatiede ja *taloudellinen ajattelutapa* ei rajoitu vain taloudellisina pitämiimme ilmiöihin, vaan sen avulla voidaan

---

[7] Von Mises, Ludwig (1922). The Impossibility of Economic Calculation under Socialism. Luettavissa: https://oll.libertyfund.org/page/reader-mises-economiccalculation

ymmärtää lähes kaikkea inhimillistä toimintaa aina vanhemmuudesta uskontoihin kuin myös rikollisuuteen.

Kaikella on hintansa, mutta kaikki hinnat eivät ole rahahintoja. Taloustieteilijä ajatteleekin, että ihmiset tekevät muiden asioiden pysyessä yhtäläisinä mieluummin helpoiksi mieltämiään asioita ja vaikeammiksi mieltämiään asioita vähemmän. Se, mitä pidämme helppona tai vaikeana, on puolestaan subjektiivisen arviointikykymme seurausta. Taloustietelijän tehtävä ei ole sanoa, että jotain pitäisi tehdä, koska se on hyvää tai pahaa. Ei ole olemassa joko tai -päätöksiä, vaan viimeisin "pieni" valinta (engl. *at margin*) on ratkaiseva eli mistä olisit valmis luopumaan, jotta jotain muuta arvokkaammaksi mieltämääsi olisi enemmän.

Bylund keskittyy itävaltalaisen ajattelun suuriin linjoihin, joten itävaltalaisen taloustieteen erityispiirteet eivät huku esimerkiksi aatehistoriallisiin tai pääomateorian yksityiskohtiin. Teoksen pääpaino on tavallisen ihmisen *talouslukutaidon* tai *-osaamisen* vahvistamisessa, joten tämän kirjan luettuasi sinun pitäisi kyetä tarkastelemaan taloudellisia asioita, ilmiöitä ja säännönmukaisuuksia aiempaa paremmin.

Itävaltalaiseen taloustieteeseen törmää Suomessa julkisessa keskustelussa ja koulun penkillä hyvin harvoin, vaikka sen juuret ovat syvällä taloustieteen pohjavirrassa. Itävaltalaisia pidetään nykyaikana kummajaisina, mutta itävaltalaisen ajattelun vaikutukset ilmenevät valtavirtaisemmista mielletyistä taloustieteilijöistä muun muassa Ronald Coasen, James M. Buchananin, Gordon Tullockin, Armen Alchianin, Harold Demsetzin, Douglass Northin, Joel Mokyrin, Vernon Smithin, Elinor Ostromin ja Deidre N. McCloskeyn tuotannossa. Suomalaisista itävaltalainen ajattelu on vaikuttanut muun muassa hallintotieteilijä Risto Harisaloon, taloustieteilijä Martti Vihantoon, tieteenfilosofi Uskali Mäkeen, monipuolisen uran tehneeseen Björn Wahlroosiin, liike-elämän ja vaikuttamisen moniottelijaan Petri Kajanderiin, psykologiseen taloustieteeseen erikoistuneeseen Jukka Kaislaan ja edesmenneisiin vuorineuvos Gustav von Hertzeniin ja teollisuusmies Ensio Miettiseen. [8]

Itävaltalaiset (ajatukset) ovat tavalla tai toisessa olleet nähtävissä lähes kaikissa 1900- ja 2000-luvun suurissa poliittis-taloudellisissa keskusteluissa, vaikka niihin ei suoraan itävaltalaisuutta tältä istumalta osaisikaan liittää. Itävaltalaisen perinteen suurnimet, kuten Carl Menger, Eugen von Böhm-Bawerk, Friedrich von Wieser, Ludwig von Mises, Wilhelm Röpke, Oskar Morgenstern, Paul N. Rosenstein-Rodan, F. A. Hayek, Gottfried Haberler, Ludwig M. Lachmann, Israel M. Kirzner ja Murray N. Rothbard, olivat tunnettuja sekä teoretisoinneistaan että käytännöllisistä panoksistaan yhteiskunnalliseen keskusteluun ja toimintaan.

Nykyaikana itävaltalaisiin ajatuksiin saattaa kuitenkin Suomessa törmätä yrittäjyyttä, omistajuutta, organisaatioita, strategista johtamista, riskienhallintaa ja markkinointia koskevissa keskusteluissa joidenkin obskuurien taloustieteen filosofian ja metodologian kiistakysymysten lisäksi. Itävaltalainen näkökulma on vanha, mutta se on jäänyt talouskeskustelussa uusklassiselle lähestymistavalle ominaisen matematisaation, mallintamisen ja ennustamisen varjoon. Tästä huolimatta itävaltalainen ajattelu ei ole kadonnut minnekään, vaan sen painopisteet ovat vain muuttuneet, sen käyttö on laajentunut puhtaasta taloustieteestä laajempiin yhteiskunnallisiin pohdintoihin ja itävaltalaisiin ajatuksiin voi toisinaan törmätä hyvin yllättävissä tilanteissa.

[8] Tarkemmin marginalismin tulosta Suomeen, ks. Visa Heinonen (1990). "Marginalismin tulo Suomeen". Kansantaloudellinen aikakauskirja 4, 438–451.

Onko tämä merkki siitä, että niin monet itävaltalaiset teemat ovat muodossa tai toisessa valtavirtaistuneet? Siis ettei niitä enää erikseen tunnusteta tai tunnista itävaltalaisiksi? Kirjan luettuasi voit esittää valistuneen arvauksesi, koska sinulla on nyt kirkas ymmärrys siitä, miksi ja miten vapaat markkinat toimivat – *ja miksi vapaata markkinataloutta on jatkuvasti puolustettava*.

Kiitos Miikalle, Mortenille, Nikolle, Remulle ja Eliakselle avusta käännöksen viimeistelyssä. Apunne oli korvaamatonta.

Nautinnollisia lukuhetkiä!

Vantaalla marraskuussa 2023
Thomas Brand

PS. Kirjan loppuun on koottu laajasti itävaltalaista taloustiedettä käsitteleviä kirjoja. Suosittelen tutustumaan tämän luettuasi esimerkiksi Henry Hazlittin *Talous yhdeltä istumalta* tai Jim Coxin *Ytimekäs opas talouteen*.[9] Ne ovat saatavilla hyvin varustelluista kirjastoista.

[9] Osa lähdeluettelossa mainituista teoksista on käännetty suomeksi, ks. https://www.taloudenperusteet.com/

Osa I

Taloustiede

1

Mitä taloustiede on?

Taloustiede on jännittävä tutkimusala.

Entisaikojen taloustieteessä pyrittiin selvittämään, miten maailma toimii. Se osoitti tai jopa todisti, että maailmassa vallitsee luonnollinen järjestys. Näennäisessä kaaoksessa on rakenne. Taloudella on jonkinlainen oma elämä; sillä on oma luontonsa tai olemuksensa. Entisaikojen taloustieteessä pyrittiin selvittämään, miten maailma toimii. Se osoitti tai jopa todisti, että maailmassa vallitsee luonnollinen järjestys. Näennäisessä kaaoksessa on rakenne. Taloudella on jonkinlainen oma elämä; sillä on oma luontonsa tai olemuksensa. Tämä tarkoittaa sitä, että voimme tutkia taloutta ja oppia sen toiminnasta. Toisaalta emme voi vapaasti peukaloida taloutta mielihalujemme mukaan, sillä emme kykene asettamaan taloutta sellaiseen asentoon, joka ei muutoin ole sen luonteen mukaista. Talous toimii tietynlaisten "lakien" varassa, ja nuo "lait" ovat muuttumattomia. Viimeisen kolmen vuosisadan ajan taloustieteilijät ovat pyrkineet tunnistamaan, oppimaan ja ymmärtämään näitä lakeja.

Talouden ymmärtämisessä keskeistä on ymmärtää, että kyse on ihmisten toiminnasta ja vuorovaikutuksesta. Itse asiassa talous *on* ihmisten toimintaa ja vuorovaikutusta. Se ei oikeastaan ole muuta kuin ihmisen toimintaa ja vuorovaikutusta. Meillä on tapana tarkastella taloutta resursseina, koneina, yrityksinä ja ehkä työpaikkoina. Tämä on kuitenkin harhaanjohtavaa yksinkertaistamista. Edellä mainitut seikat ovat toki tärkeitä, mutta ne ovat kaikki keinoja päämäärien saavuttamiseksi. Taloudessa kyse on siis *keinojen käyttämisestä päämäärien saavuttamiseksi*. Toisin sanottuna, se on sitä, miten toimimme tyydyttääksemme tarpeemme, jotta voisimme paremmin. Taloudella luodaan arvoa.

Keinomme ovat rajalliset, mutta halumme, tarpeemme ja toiveemme eivät ole. Meidän on keksittävä, miten voimme tehdä mahdollisimman paljon, sillä vähällä, mitä meillä on käytettävissämme. Jos päätämme tavoitella yhtä päämäärää, emme voi käyttää samoja tarjolla olevia keinoja myös muiden päämäärien tavoittelemiseksi (ainakaan samanaikaisesti). Toisin sanoen, kyse on aina trade-offeista eli tasapainottelusta.[1] Jokainen tekemämme valinta ja jokainen tekemämme teko johtaa siihen, että luovumme siitä, mitä emme tulleet valinneeksi. Voit valita lähteä töihin omalla autolla tai junalla. Et voi tehdä molempia samaan aikaan. Voit ostaa rahoillasi lisää hyviä taloustieteellisiä kirjoja tai purukumia. Tai voit säästää rahasi seuraavaan kertaan. Mutta samaa rahaa ei voi käyttää sekä jonkin asian ostamiseen että säästämiseen. Se, että valitsit yhden asian, tarkoittaa, ettet valinnut etkä voi valita toista asiaa. Valitsemalla yhden asian toisen sijaan, *toimimalla*, asetamme asiat arvojärjestykseen – toisin sanoen *ekonomisoimme*, eli toimimme taloudellisesti. Taloudessa on kyse siitä, että me kaikki valitsemme eli toimimme rajoitteet huomioon ottaen.

[1] Suom. huom. Toisinaan puhutaan myös allokaatiokustannuksista. Kun toimija valitsee jotain, hän jättää aina valitsematta jotain muuta (vaihtoehtoiskustannukset).

Talous

Talous on spontaani järjestys. Se syntyy, kun ihmiset tekevät mitä tekevät ja olemme vuorovaikutuksessa keskenämme parhaaksi katsomallamme tavalla.

Ranskalainen 1800-luvulla elänyt taloustieteilijä Frédéric Bastiat ilmaisi tämän kysymällä: "Miten koko Pariisi saa vatsansa täyteen?" Suurkaupungissa elävät pariisilaiset eivät tuota itse ruokaansa, mutta saavat sitä silti yllin kyllin. Tärkeä kysymys on, miten tämä on mahdollista. Loppujen lopuksi ei ole olemassa mitään keskitettyä suunnitelmaa siitä, minkä tyyppistä ja millaisia määriä ruokaa pariisilaisille tuotetaan ja milloin. Kukaan ei käske maanviljelijöitä, milloin ja mitä heidän tulisi kylvää, millaiseen maaperään viljelykasvit tulisi istuttaa, mitä työvälineitä käyttää tai kehittää, tai missä kaupungeissa, taajamissa tai toreilla tuotteita tulisi myydä ja mihin hintaan. Kaikki tämä *vain tapahtuu*. Talous on hajautettu ja jakautunut järjestelmä, jossa kaikki ihmiset – niin maanviljelijät kuin kaupunkilaisetkin – muodostavat omat suunnitelmansa ja tekevät omat päätöksensä. He eivät yksinkertaisesti toteuta jonkin keskusjohdon antamia käskyjä.[2]

Taloustieteen tavoitteena on ymmärtää, miten talous sen kaikissa muodoissaan ja muunnelmissaan toimii: sen kokonaisprosessin luonne ja toiminta, jonka piirissä ihmiset tekevät päätöksiään, toimivat ja ovat vuorovaikutuksessa parhaaksi katsomallaan tavalla. Taloudesta puuttuu sekä suunnitelma että suunnittelija. Taloudella ei ole edes päämäärää. Se vain on.

---

[2]Monissa talousjärjestyksissä hallituksella on merkittävä rooli, joka ilmenee usein myös keskusjohdon muodossa. Tarkastelemme tätä asiaa kirjan kolmannessa luvussa. Nyt keskitymme itse talouteen: siihen, miten talous on kehittynyt eli miten asiat järjestäytyvät itsestään ilman keskusjohtoa tai -suunnitelmaa.

Mutta ihmisillä on tavoitteita. Heillä on tarpeita ja haluja, joita he pyrkivät tyydyttämään eri keinoin. Jotkin asiat ovat luonnon tarjoamia, mutta valtaosa asioista edellyttää, että ihmiset ponnistelevat niiden tuottamiseksi. Nämä ovat niitä tavaroita ja palveluita, jotka tyydyttävät meidän, ihmisten, kulloisiakin tarpeita. Tuotanto on talouden ydin: siinä on kyse mahdollisimman monen keinon tarjoamisesta mahdollisimman monen korkealle arvostetun tarpeen tyydyttämiseksi.

Taloudellinen ongelma

Tuotanto on ongelma. Kyse ei ole pelkästään siitä, kuinka paljon resursseja on käytettävissä. Panoksen ja tuotoksen välillä ei ole pysyvää suhdetta. Hyvin usein suurempi määrä panoksia saattaa tuottaa enemmän tuotoksia. Innovaatioiden avulla kykenemme parantamaan tuotos-panos-suhdetta eli kasvattamaan tuottavuutta. Tämä on vielä selvempää, kun puhutaan tuotoksen *arvosta* eikä vain määrästä. Arvo ei ole koskaan automaattista. Voimme käyttää paljon resursseja tuottaaksemme jotain, joka kuitenkin osoittautuu arvottomaksi. Jos luon maalauksen, odotettavissa oleva tuotos on arvoton riippumatta siitä, kuinka paljon vaivaa tai maalia käytän sen tuottamiseen. Vincent van Goghin käsissä sama taulukangas ja maali tuottaisivat jotain paljon arvokkaampaa. Hänen signeerauksensa lisääminen maalaukseeni kasvattaisi maalaukseni arvoa. Mutta minun signeeraukseni hänen maalaukseensa vähentäisi van Goghin taulun arvoa.

Ainoa panosten ja tuotosten välinen suhde on se, että panoksia on käytettävä tuotosten tuottamiseen. Emme voi luoda mitään tyhjästä.

Taloudellisessa ongelmassa ei ole kyse tuotannosta *sinänsä* vaan tuotannon taloudellisesti mielekkäästä järjestelemisestä. Kyse on ongelmasta, joka johtuu siitä, että meillä ei ole koskaan riittävästi resursseja kaikkien parhaaksi katsomiemme päämäärien saavuttamiseksi. Toisin sanoen, resurssit ovat *niukkoja*. Meidän on siis keksittävä, miten kykenemme hyödyntämään rajallisia resursseja (arvon kannalta) parhaan mahdollisen lopputuloksen saavuttamiseksi. Meistä on tullut aina vain taitavampia tämän asian selvittämisessä, erityisesti viime vuosisatojen aikana. Tuhansien vuosien ajan edistys oli hyvin vaivalloista, mutta – yhtäkkiä – teollistumisen myötä kansakunta toisensa jälkeen pääsi irtautumaan köyhyydestä teollisessa tuotannossa tapahtuneiden lukuisten merkittävien läpimurtojen ansiosta. Kasvava kiinnostus taloustiedettä kohtaan osuu samoihin aikoihin teollistumiskehityksen kanssa.

Tästä johtuu myös Adam Smithin erittäin vaikutusvaltaisen teoksen nimi: *Kansojen varallisuus: Tutkimus sen luonteesta ja syistä*. Otsikko kiinnittää huomion kansantaloudellisen varallisuuden (hyvinvoinnin) kahteen ulottuvuuteen, jotka muodostavat edelleen taloustieteen ytimen: varallisuuden *luonne* ja sen *syyt*. Varallisuuden luonteella viitataan siihen, miten se pitäisi ymmärtää, mistä se koostuu ja miten talous järjestelmänä liittyy teoriaan arvosta omakohtaisena tyydytyksenä. Varallisuuden syillä viitataan puolestaan hyvinvoinnin syntyyn ja niihin erityisiin prosesseihin, jotka saavat hyvinvoinnin lopulta aikaiseksi. Jos ymmärrämme nämä asiat kunnolla ja tarkoin, voimme auttaa ihmisiä pois köyhyydestä ja luoda yhteiskunnan, jossa on aiempaa enemmän hyvinvointia.

Taloustiede tutkii sitä, miten talous toimii, joten se on tutkimusala, joka tutkii myös sitä, miten ja mistä hyvinvointia ja menestystä luodaan.

Taloustiede ymmärtämisenä

Taloustieteilijä on talouden jatkuvan prosessin tutkija. Tavoitteena on ymmärtää sen toimintaa ja luonnetta. Kyse on niiden yleismaailmallisten prosessien, mekanismien ja järjestysten luonteen ja syiden selvittämisestä, joita pidämme taloutena. Tällä tavoin opimme enemmän hyvinvoinnista ja menestyksestä, ja mikä tärkeintä, siitä, miten edellä mainittuja kyetään tuottamaan enemmän ja miten voimme varmistua siitä, että mahdollisimman monet voivat hyvin ja menestyvät.

Talouden toiminnan ymmärtämiseksi meidän on oltava nöyriä sen tosiseikan edessä, että talous on olemassa ja sillä on järjestys, siis että sillä on *luonne*. Taloustieteilijän tehtävänä ei ole ennustaa tulevaisuuden yksityiskohtia, vaan tehdä näkyviksi ne taustalla vaikuttavat prosessit, jotka saavat aikaan havaittavissa olevat taloudelliset tulokset. Toisin sanoen, meidän on kehitettävä logiikka taloudellisten ilmiöiden ja käyttäytymisen kokonaisuuden ymmärtämiseksi – eli tarvitsemme talous*teoriaa*. Taloustiede on kehys, jonka avulla voimme *ajatella ja järkeillä taloutta* ja täten ymmärtää, mitä oikeastaan tapahtuu.

Tästä seuraa, että taloustieteen opiskelemisessa on pohjimmiltaan kyse talouslukutaidon kartuttamisesta, jotta voimme paremmin ymmärtää maailmaa, jossa olemme ja elämme. Haluamme ymmärtää *todellista* maailmaa, emme formalisoiduissa malleissa elävää keksittyä maailmaa. "Taloustiede tarkastelee todellista ihmistä, joka on heikko ja altis virheille. Taloustiede ei käsittele ihanteellisia olentoja, jotka ovat kaikkitietäviä ja täydellisiä, kuten vain jumalat voivat olla", kuten Ludwig von Mises aikoinaan totesi.

2

Talousteoria

Muiden tieteiden ja tutkimusalojen tavoin taloustiede on teorian muodostama kokonaisuus. Teoria on kokoelma selityksiä, joiden avulla pyrimme ymmärtämään jotakin. Talousteorian avulla voimme *ymmärtää, miten talous toimii*. Se selittää talouden toimintaa kokonaisuutena, jotta voimme ymmärtää taloudellisten ilmiöiden merkityksen, vaikutuksen, synnyn ja kehityksen.

Teorian luotettavuus ja käyttökelpoisuus edellyttävät, että se muodostaa johdonmukaisen kuvan. Jos näin ei kuitenkaan ole, ainakin osa teorian tuottamista selityksistä on ristiriitaisia. Ristiriitaisuudet ovat merkki siitä, että jokin on pielessä. Teorian rungon on siis oltava loogisesti täsmällinen ja johdonmukainen, ja sen on lisäksi muodostettava eheä kokonaisuus. Tämä tarkoittaa, että teorian on oltava johdonmukainen niiden perusoletusten kanssa, joihin se perustuu; sen on oltava totta ensimmäisten periaatteiden suhteen.

Ei kuitenkaan riitä, että muodostetaan johdonmukainen kokonaisuus, joka perustuu ensimmäisiin periaatteisiin, jos nämä periaatteet itsessään ovat virheellisiä. Onhan meidän mahdollista tuottaa sisäisesti johdonmukainen teoria, joka perustuu virheellisiin oletuksiin. Tällaiset järjestelmät saattavat näyttää hyvin vakuuttavilta, koska ne ovat johdonmukaisia, mutta ne eivät silti kykene tarjoamaan todellista ymmärrystä, koska jokainen selitys perustuu johonkin, joka ei pidä paikkaansa eikä ehkä ole edes perusteltavissa. Et todennäköisesti haluaisi käyttää siltaa, jonka on suunnitellut insinööri, joka uskoo paperin olevan terästä vahvempaa. Sillä ei ole väliä, kuinka tarkkaan matematiikkaan turvaudutaan tai kuinka hienostunutta suunnittelu on – oletus on väärä, eikä silta siksi ole luotettava. Silta ei kestäisi käytössä, vaikka kaikki laskelmat olisi tässä tilanteessa tehty tarkasti. Sama pätee talousteoriaan: sen on perustuttava vankkojen periaatteiden ja luotettavien oletusten varaan.

Jotta teoria voisi asianmukaisesti selittää, miten maailma toimii, sen on siis oltava sisäisesti johdonmukainen *ja* perustuttava paikkansapitäviin oletuksiin. Teoria ei voi tyydyttää vain yhtä näistä vaatimuksista tarjotakseen meille todellista ymmärrystä todellisuudesta, jossa elämme; teorian on täytettävä molemmat kriteerit.

Lähtökohta

Taloustiede perustuu käsitykseen ihmisen toiminnasta tarkoituksenmukaisena käyttäytymisenä. Tällä tarkoitetaan sitä, että kun ihmiset toimivat, he pyrkivät saavuttamaan jotakin. Tämä käsitys ei tarkoita sitä, että ihmiset ovat aina tarkkoja tai tekevät kaiken "oikein" (mitä tällä sitten ikinä tarkoitetaankaan). Mutta se tarkoittaa sitä, että ihmiset pyrkivät saavuttamaan tärkeinä pitämiään tavoitteita siksi, että he itse omissa mielissään *arvostavat* odotettua lopputulosta jollakin tavalla. Sillä, mitä he arvostavat, miksi he arvostavat sitä mitä he arvostavat ja onko jonkin arvostaminen järkevää tai rationaalista, ei ole merkitystä. Tällaiset arvottavat seikat eivät kuulu talousteorian piiriin. Olennaista on se, että odotettu lopputulos saa heidät toimimaan.

Saattaa tuntua oudolta, että taloustieteessä ei tarkastella sitä, miksi ihmiset arvostavat joitakin asioita, mutta eivät kuitenkaan sitten arvostakaan jotain muita asioita. Mutta taloustiede ei näitä seikkoja tarkastele. Ihmisten unelmilla, fantasioilla ja kuvitelmilla on taloudellista merkitystä vain, jos ihminen *toimii niiden perusteella*. Jos ihmisellä on unelma, mutta hän ei kuitenkaan ryhdy toimiin sen toteuttamiseksi, hän ei tavoittele unelmaansa. Se jää vain unelmaksi. Unelma itsessään ei muuta maailmaa; pelkkä toivominen ei tee siitä todellista.

Toiminta on siis varsin looginen lähtökohta sosiaalisen todellisuuden tutkimiselle. Toimimalla muutamme maailmaa ja sen tilaa.

Ihmisen Toiminnan Kuvaaminen

Toiminnan tunnistaminen tarkoituksenmukaiseksi käyttäytymiseksi on yllättävän voimallinen oivallus. Se tarjoaa meille oivalluksia inhimillisistä asioista paljon laajemmin kuin mitä useimmat meistä pitävät mahdollisena. Itse asiassa taloustieteilijä Ludwig von Mises osoitti, että talousteoria on mahdollista johtaa tästä yksinkertaisesta periaatteesta.

Tarkastellaan seuraavaksi, millaisia asioita voimme oppia maailmasta yksinkertaisesti kuvaamalla ja ymmärtämällä mitä ihmisen toiminnalla tarkoitetaan. Olemme jo huomanneet, että tekoja tehdään jonkin sellaisen tarkoituksen vuoksi, joka on toimijan näkökulmasta mielekäs ja järkevä. Tiedämme, että toiminta suuntautuu jonkin sellaisen asian – lopputuleman – saavuttamiseksi, jota toimija pitää arvokkaana.

Toimijat pyrkivät saavuttamaan jotakin, joten tästä seuraa, että he eivät ole vielä onnistuneet saavuttamaan haluamaansa ja ryhtyvät toimiin parantaakseen asemaansa suhteessa nykytilaan. Näin ollen voimme päätellä, että on asioita, joita toimijat haluavat, mutta joita heillä ei (vielä) ole. Toimijat kuitenkin uskovat voivansa saavuttaa tavoitteensa ryhtymällä toimiin, joiden he toivovat voivan parantaa heidän tilannettaan. Toisin sanoen, toiminta on pohjimmiltaan *kausaalista* eli syy-seuraussuhteisiin pohjautuvia: toimimme, koska uskomme, että voimme saada toimillamme aikaan tietyn muutoksen.

Päättelemme myös, että toimijat uskovat toimintansa olevan paras tai ainoa tapa saavuttaa haluttu lopputulos. Miksi muuten ryhtyisimme toimeen? Se, että emme ole vielä ryhtyneet toimeen, viittaa siihen, että (1) emme ole vielä tietoisia mahdollisuudesta, (2) meillä ei ole keinoa toimia tavoitteen saavuttamiseksi tai (3) pidämme muita päämääriä jotain toista päämäärää tärkeämpinä. Kaikki nämä viittaavat niukkuuteen – siihen, että keinot eivät riitä kaikkien halujen tyydyttämiseen – ja siihen, että toimija tekee valintoja. Se, että toimijan on valittava, tarkoittaa, että hänen on tehtävä kompromisseja eli uhrauksia. Toisin sanoen, toimijan on *toimittava taloudellisesti (ekonomisoitava) eli valittava tarkoin elämänsä ja hyvinvointinsa ylläpitämiseksi (ja parantamiseksi) tarjolla olevista niukoista keinoista rajattomien ja toistensa suhteen vaihtoehtoisten päämäärien tyydyttämiseksi.*[1]

[1]Suom. huom. – Vuonna 1932 ilmestyneessä klassikkoteoksessaan An Essay on the Nature and Significance of Economic Science nuori taloustieteilijä Lionel Robbins huomautti ihmisten "halujen" (= tarpeiden, tavoitteiden ja päämäärien) olevan rajattomia (ja eriarvoisia), mutta ihmisten käytössä olevien resurssien rajallisia ja resursseilla (ml. ajalla)

Voimme myös päätellä, että ihmisen toiminta on itse asiassa aina *yksilöllistä* toimintaa, jonka motiivina on jokin yksilön omakohtaisesti arvostama päämäärä ja joka kohdistuu tähän päämäärään. Muilla yksilöillä voi olla sama lopputulema mielessä, ja jotta toiminta olisi mielekästä, se saattaa edellyttää yhteistyötä, mutta tämä ei muuta sitä tosiasiaa, että jokainen ihminen toimii. Ihmiset voivat päättää toimia yhdessä, mutta ne ovat yksilöllisiä valintoja. Ryhmä itse ei toimi. Se, että neljä ihmistä tekee yhteistyötä huonekalujen siirtämiseksi muuttoautosta uuteen asuntoon, ei tarkoita sitä, että ryhmä nosti huonekalut, vaan sitä, että nämä neljä nimenomaista ihmistä koordinoivat yksilölliset ponnistelunsa tätä yhteiseksi miellettyä ja kuviteltua päämäärää kohti. Toisin sanoen, taloustiede perustuu *metodologiseen individualismiin*.

Yritysten, ryhmien ja hallitusten kaltaiset asiat ovat olemassa, ja niillä on todellisia vaikutuksia siihen, miten ihmiset toimivat. Mutta emme voi ymmärtää miten ne toimivat, jos emme samaan aikaan tunnista ja tunnusta sitä miten *ihmiset näissä* yrityksissä, ryhmissä ja hallituksissa toimivat. Tämän huomaamalla ymmär-

---

on vaihtoehtoisia käyttötarkoituksia. Taloudellinen toiminta tarkoittaa päätöksentekoa rajattomien halujen ja rajallisten keinojen käyttötapojen välillä yksilön mahdollisimman arvokkaiksi kulloinkin mieltämien halujen tyydyttämiseksi. Toisin sanoen, yksilö pyrkii maksimoimaan rajallisin keinoin tarpeentyydytyksen. "Kun aika ja keinot päämäärien saavuttamiseksi ovat rajalliset ja keinoilla on vaihtoehtoisia käyttökohteita, ja päämäärät voidaan erottaa toisistaan asettamalla ne tärkeysjärjestykseen, kyse on välttämättä jonkinlaisesta valinnasta. Jokainen teko, joka edellyttää aikaa ja niukkoja keinoja yhden päämäärän saavuttamiseksi, edellyttää niiden käytöstä luopumista toisen päämäärän saavuttamiseksi. Tällä [päätöksellä] on taloudellinen pyrkimys [koska niukat resurssit käytetään subjektiivisesti tarkastellen parhaimmalla mahdollisella tavalla]", Robbins kirjoitti (s. 14). Robbinsin määritelmän mukaan keinoilla pitää siis olla vaihtoehtoisia käyttötapoja (tai muuten niiden suhteen ei voi ekonomisoida) ja kaikki päämäärät eivät voi olla yhtä arvokkaita (tai muuten niiden suhteen ei voi ekonomisoida). Robbinsin mukaan niukkuus ja valinta (päätöksenteko) ovat siis taloustieteen keskiössä.

rämme, että ryhmissä toimivilla toimijoilla voi olla tavoitteita, jotka ovat ristiriidassa ryhmän julkilausuttujen tavoitteiden kanssa, ja siksi syntyy jännitteitä ja jotkut ihmiset voivat toimia tavalla, joka heikentää ryhmän julkilausuttuja tavoitteita. Tämä ei olisi mahdollista, jos olettaisimme, että ryhmä itse toimii.

Toiminta-aksiooman nerokkuus

Taloustieteessä hyödynnetään loogista päättelyä taloudessa muodostavien prosessien paljastamiseksi, ja samalla tunnustetaan, että toiminnan motivaatio on henkilökohtaista – siis että *arvo on subjektiivista*. Taloustieteilijät kykenevät arvon subjektiivisuuden tunnistamalla muotoilemaan realistisen luotettavan teorian, joka selittää hintojen synnyn henkilökohtaisten arvostusten lopputulemana. Yksilöt valitsevat eri toimien välillä, joten heidän on asetettava tarjolla olevat vaihtoehdot tärkeysjärjestykseen. He tekevät tämän subjektiivisesti sen ennakoidun arvon perusteella, jonka he odottavat toiminnan lopputuleman heille tuottavan.

Emme koskaan arvosta asioita sinänsä, vaan arvostamme niitä sen tyydytyksen perusteella, jonka uskomme eri asioiden voivan tarjota meille. Vesipullo aavikolla on luultavasti arvokkaampaa kuin vesipullo kotisohvalla löhöillessä. Miksi? Arvioimme ja arvostamme asioita, koska ne voivat tarjota meille todellisissa elämäntilanteissa tyydytystä eli siirtää meitä vähemmän tyydyttävästä tilasta ainakin hieman tyydyttävämpään tilaan. Sohvalla löhöillessämme emme saa vesipullosta läheskään yhtä suurta tyydytystä kuin yrittäessämme pysyä hengissä aavikolla. Ja mitä enemmän meillä on jotakin, sitä vähemmän tyydytystä tuottaa seuraavan yksikön käyttäminen. Itse asiassa, jokainen yksikkö arvostetaan sen tyydytyksen valossa, jonka voimme saada viimeisestä (marginaalisesta) yksiköstä. Jos meillä on siis missä tahansa tilanteessa kolme vesipulloa, arvostamme jokaista niistä vähemmän kuin tilannetta, jossa meillä olisi vain kaksi vesipulloa. Mutta enemmän, mikäli meillä olisi ollut neljä vesipulloa. Koska minkä tahansa yhden vesipullon arvo meille on sen meille tuottama tyydytys eli sen marginaalinen arvo. Siksi toimimme eri tavoin riippuen siitä, kuinka monta yksikköä meillä on jotakin ja kuinka tärkeitä nuo keinot ovat meille – millaista tyydytystä odotamme saavamme niistä.

Toisin sanoen toiminta yhdistää päässämme olevat subjektiiviset arvostukset – luokituksemme tekojemme mahdollisista lopputulemista – asioihin, jotka ovat olemassa mielemme ulkopuolella. Toiminta on linkki omakohtaisten arvostusten, joita ei voida mitata, ja reaalimaailman lopputulemien välillä. Kun toiminta ymmärretään taloudellisen ajattelun lähtökohtana, se, että arvo on subjektiivista, ei aiheuta haasteita tavaroiden ja palvelujen tuotannon ja muiden taloudellisten ilmiöiden ymmärtämisessä. Meidän ei tarvitse tietää, mitä asioita ihmiset arvostavat tai miksi he arvostavat erilaisia asioita. Meidän tarvitsee tietää vain, että ihmiset arvostavat jotakin. Ja että ihmiset toimivat näiden omakohtaisten arvostustensa mukaisesti.

Kaikki taloudelliset ilmiöt – resurssien kohdentuminen (allokaatio), markkinahinnat, suhdannevaihtelut ja niin edelleen – ovat seurausta ihmisten toiminnasta, jonka tiedämme olevan aina tarkoituksenmukaista ja taloudellista. Taloustieteen tehtävänä on siis ymmärtää taloutta ja kaikkea siihen liittyvää perimmäisen syyn, toiminnan, näkökulmasta.

3

Miten taloustiedettä harjoitetaan

Taloustiedettä moititaan usein "ideologisuudesta" eli esimerkiksi *vapaiden markkinoiden asettamisesta etusijalle*. Tämä on väärinkäsitys.

Vapaat markkinat ovat taloustieteessä malli eli analyyttinen työkalu. Se sulkee pois monimutkaiset olosuhteet ja vaikutteet, ja tarjoaa mahdollisuuden tutkia talouden keskeisiä ilmiöitä *sellaisenaan* ilman, että keitokseen sekoitetaan muita vaikutuksia. Taloustiede on kiinnostunut ymmärtämään taloudellisten voimien luonnetta ja suhteita. Toisin sanoen, jätämme huomiotta taloutta haittaavia seikkoja, kuten sääntelyn, jotka vaikuttavat ihmisten käyttäytymiseen ja siten taloudellisiin lopputulemiin. Tuloksena on talous, jossa vain taloudelliset voimat vaikuttavat – "vapaat markkinat".

Vapaiden markkinoiden malli palvelee samaa tarkoitusta kuin vapaassa pudotuksessa olevien kappaleiden tutkiminen fysiikassa. Vapaan pudotuksen mallissa ei oteta huomioon esimerkiksi ilmanvastusta ja oletetaan alkunopeudeksi nolla, jotta voidaan tutkia painovoiman vaikutuksia. Painovoimaa ei olisi mahdollista tutkia erottelematta sitä muista fysikaalisista voimista, jotka myös vaikuttavat esineisiin ja voivat lisätä tai vähentää painovoiman vaikutusta. Taloustieteessä käytetään esteettömien tai vapaiden markkinoiden mallia samalla tavalla: siinä tutkitaan taloudellisia voimia ilman muiden asioiden vaikutusta ilmiöihin. Meidän on tiedettävä, miten talous itsessään toimii, ennen kuin voimme tutkia siihen itseensä kohdistuvia vaikutuksia.

Taloustiede edistää ja kannattaa vapaita markkinoita yhtä paljon kuin fysiikassa edistetään vapaata pudotusta. Taloudellinen ajattelu ei ole mahdollista ilman vapaiden markkinoiden mallia.

Vaihdannan merkitys

Taloustiede perustuu taloudelliseen päättelyyn – logiikan käyttöön syiden selvittämiseksi tai selvittämättä jättämiseksi ja milloin tai milloin ei. Näin ymmärrämme näkemämme asiat ja paljastamme taustalla olevat taloudelliset prosessit. Havainnollistetaan asiaa esimerkillä kahden yksilön, esimerkiksi Matin ja Pekan, välisestä perustason vaihdantatilanteesta.

Oletetaan Matin antavan Pekalle omenan ja Pekka antaa Matille vastineeksi kiiltokuvan. Voimme analysoida tätä vaihdantaa kahdella tavalla. Yksi on tutkia sitä empiirisesti tarkkailemalla vaihdantaa ja keräämällä "objektiivista" eli mitattavissa olevaa dataa ennen vaihdantaa, sen aikana ja sen jälkeen. Datan avulla voimme tällöin pyrkiä kuvailemaan tapahtunutta ja tarjota siihen selityksiä.

Ei ole tarpeen mennä yksityiskohtiin nähdäksemme, kuinka tämä menetelmä ei sovellu vaihdon merkityksen ymmärtämiseen taloudellisessa pohdinnassa. Vaikka tutkisimme vaihdantaa empiirisesti loputtoman kauan ja tarkasti, emme silti kykenisi selittämään, *miksi* omena siirtyi Matin omistuksesta Pekan haltuun, *miksi* kiiltokuva siirtyi toisin päin tai edes sitä, liittyvätkö nämä kaksi vaihtoa toisiinsa. Havaittavissa olevalla datalla ei ole minkäänlaista sisältöä tai merkitystä; keräämämme data ei voi kertoa meille pelkkien havaittavissa olevien tosiasioiden lisäksi mitään muuta, kuin että kuka oletettavasti omistaa mitä ja milloin. Tarkkaan ottaen, data ei voi kertoa meille edes sitä, että kyse olisi ollut *vaihdannasta*.

Taloustieteessä on kyse muustakin kuin siitä, että luodaan kuvauksia, kuten "Matilla on omena ja Pekalla kiiltokuva" ja että hetkeä myöhemmin "Matilla on kiiltokuva ja Pekalla omena". Kyse on siitä, että ymmärretään kyseessä olleen vaihtotilanne ja mitä vaihdanta oikeastaan merkitsee siihen osallistuville toimijoille. Tiedämme, että sen täytyy tarkoittaa jotakin, koska he *päättivät ryhtyä* vaihdantaan. Vaihdanta ei ollut pelkästään tiettyjen ulkoisten ärsykkeiden tulos. Vaihdantaa ei synny automaattisesti.

Tätä ilmiötä tutkiaksemme meidän on muodostettava järkeilemällä ymmärrys siitä, mitä Matti ja Pekka oikeastaan tekevät. Toisin sanoen meidän on tunnustettava – turvautumalla niin sanottuun aprioriseen ymmärrykseen – että molemmat osapuolet oikeastaan *toimivat*, ja että he siis pyrkivät saavuttamaan jotakin. Ihmisen toiminta on tarkoituksenmukaista käyttäytymistä, kuten Ludwig von Mises on huomauttanut.

Tämän ymmärryksen turvin voimme helposti nähdä, että kyse oli itse asiassa vaihdannasta: Matti vaihtoi omenansa Pekan kiiltokuvaan. Koska Matti ja Pekka vaihtoivat hyödykkeitä, tiedämme myös sen, että – ellei jompaakumpaa pakotettu tai petetty – he molemmat odottavat saavansa vaihdossa enemmän kuin mistä olivat valmiita luopumaan. He siis kävivät vaihtoa, *koska* Matti arvostaa kiiltokuvaa enemmän kuin omenaa *ja* Pekka arvostaa omenaa enemmän kuin kiiltokuvaa.

Tämä johtopäätös saattaa vaikuttaa itsestään selvältä, ja niin sen pitäisikin olla: meillä kaikilla on tällainen perusymmärrys ihmisen toiminnasta tarkoituksellisena pyrkimyksenä saavuttaa jokin päämäärä, jonka odotamme ennalta olevan arvokkaampi. Toimimme, koska haluamme saada aikaan jonkinasteista muutosta ja koska uskomme, että muutos on jossakin mielessä aiempaa parempi ratkaisu.

Tämän perusymmärryksen valossa ymmärrämme Matin ja Pekan vaihdantaa. Emme ehkä ole samaa mieltä heidän arvostuksistaan, mutta ei meidän tarvitsekaan olla. Ymmärrämme silti, että vapaaehtoisen vaihdannan on perustuttava osapuolten molemminpuoliseen yhteneväisyyksiin eli siihen, että sekä Matti että Pekka odottivat ennen vaihdantaa saavansa enemmän hyötyä vaihdannasta (koska muutoin he eivät olisi ryhtyneet vaihdantaan, ainakaan tällä kertaa).

Hinta ja arvo

Esimerkissämme Matti ja Pekka kykenivät kenenkään tai minkään estämättä käymään taloudellista vaihdantaa eli suorittamaan liiketoimia vapailla markkinoilla. Esimerkki on hyvin yksinkertaistettu, mutta yksinkertaistaminen ei ole ongelma. Se on etu, koska sen avulla kykenemme tunnistamaan ydinmekanismit. Emme olisi onnistuneet saavuttamaan yhtään parempaa tietoa monimutkaistamalla esimerkkiä vaihdannasta esimerkiksi sääntelyllä, lupavaatimuksilla, oikeudellisilla määritelmillä, elintarviketurvallisuutta koskevilla lainsäädännöllä, veroilla ja niin edelleen. Itse asiassa tällaisten seikkojen sisällyttäminen olisi vaikeuttanut sen selvittämistä, mitä esimerkissämme oikeastaan tapahtuu. Siihen olisi liittynyt liian monta seikkaa, jotka olisivat voineet vaikuttaa Matin ja Pekan päätöksentekoon.

Siksi on järkevää tarkastella vaihdantaa vain vaihdantana vailla monimutkaistavia tekijöitä, jotta kykenemme ymmärtämään vaihdannan merkityksen sellaisenaan. Tämä tarkoittaa myös sitä, että voimme halutessamme lisätä tekijöitä nähdäksemme, miten ne muuttavat lopputulosta, ja oppia, miten nämä tekijät liittyvät vaihdantaan tai vaikuttavat siihen. Teemme tämän vähitellen eli aloitamme ytimestä ja lisäämme sitten lisäkerroksia. Jos emme ymmärrä itse vaihdantaa, emme voi myöskään ymmärtää, miten muut asiat saattavat vaikuttaa siihen.

Ehkä Pekka on kiiltokuvatehtailija, joka todella pitää Matin puutarhan omenoista ja olisi valmis vaihtamaan jopa useita kiiltokuvia saadakseen vain yhden omenan. Tai ehkä Pekka pitää Matin omenoita erittäin herkullisina. Siksi viiden kiiltokuvan "maksaminen" vaihdossa omenoista on Pekasta hyvä diili. Ei ihme, että hän on tyytyväinen kauppaan!

Mutta sama pätee myös toisinpäin. Meidän on sanottava, että Matti myös pitää yhtä kiiltokuvaa hyvänä "hintana", jotta hän suostuu ylipäänsä vaihtamaan omenan kiiltokuvaan. Hän arvostaa yhtä Pekan kiiltokuvaa enemmän kuin yhtä omenaa. Jos hän ei arvostaisi, hän ei olisi valmis käymään kauppaa. Vaikka on siis totta, että Matti olisi saattanut saada enemmän kiiltokuvia (tai ehkä jopa kokonaisia kiiltokuva-arkkeja) vaihtaessaan omenoitaan Pekan kanssa, hänen saamansa kiiltokuvat tekevät tästä vaihdosta ilmeisesti koko vaihdannan arvoista. Tässä tapauksessa vain yhden omenan maksaminen kiiltokuvasta on hänen omakohtaisen arvionsa kannalta silti hyvä diili.

Mutta meidän ei kuitenkaan tarvitse tietää Matin ja Pekan todellisia arvostuksia. Itse asiassa heidän ei tarvitse tietää niistä itsekään. Tärkeää on vain se, että molemmat pitävät vaihdantaa "sen arvoisena". Heidän maksamansa "hinta" ei ole korkeampi kuin heidän arvionsa siitä, mitä he saavat vastineeksi. Jos esimerkiksi Matti ei olisi hyväksynyt omenoitaan vastaan mitään, mikä olisi ollut alle viisi kiiltokuvaa omenoita kohden, vaihtoa ei olisi tapahtunut. Tämä siis siksi, että tällainen vaihdanta-asetelma ei olisi ollut Pekalle sen arvoista.

Kuulostaako tämä itsestään selvältä? Kyllä, mutta olemme oppineet paljon tarkastelemalla vaihdannan perusedellytyksiä. Olemme määritelleet vaihdannan välttämättömät edellytykset (molempien osapuolten on odotettava hyötyvänsä vaihdosta, kummankaan maksama "hinta" ei voi olla korkeampi kuin heidän arvionsa siitä, mitä he saavat vastineeksi) ja erottaneet toisistaan vapaaehtoisen vaihdannan, jonka on tapahduttava molemminpuolisten etujen saavuttamiseksi, ja vailla tahdonvastaista toimintaa (kuten ryöstöä). Vaikka emme olekaan vielä ehtineet käsitellä jälkimmäistä tapausta, on helppo huomata, ettei toinen osapuolista tai molemmat osapuolet suostuisi vaihtoon, joka ei hyödyttäisi molempia, ellei heitä pakotettaisi siihen. Tai jos heitä jotenkin huijataan tai petetään vaihdossa.

Hintamekanismi

Lisätään tilanteeseen kolmas henkilö, Tuomas, joka kasvattaa päärynöitä. Pekka on ihastunut tähän herkulliseen uutuushedelmään ja vaihtaa mielellään kaikki kiiltokuvansa täyteen päärynäkoriin.

Eli viisi kiiltokuvaa viidestätoista päärynästä. Sitten Matti tulee paikalle ja yrittää toistaa eilisen vaihdon Pekan kanssa, mutta Pekalta on jo kiiltokuvat loppu. Seuraavan päivänä Matti käy Pekan luona aikaisemmin saadakseen tilaisuuden "ostaa kiiltokuvia" ennen kuin Tuomas saa ne kaikki. Pekka pitää Tuomaksen päärynöistä enemmän kuin omenoista, mutta Matti sanoo olevansa valmis tarjoamaan Pekalle kaksi omenaa yhdestä kiiltokuvasta. Pekka harkitsee tarjousta, koska hän saisi nyt kaksi kertaa enemmän omenoita kuin ennen.

Tämä yksinkertainen esimerkki tarjoaa käsityksen siitä, miten *hintamekanismi* toimii. Hinnat ovat vaihtosuhteita, jotka määräytyvät yksilöllisten arvostusten perusteella. Hinnat eivät määräydy sattumanvaraisesti vaan ihmisten eri hyödykkeille asettamien tärkeysjärjestysten perusteella. Voimme huomata, että on olemassa rajoja sille, mihin hinnat voivat asettua. Pekan raja on yksi kiiltokuva yhtä omenaa kohden. Hän ei usko, että tätä enempää kannattaa maksaa. Mutta kun Pekalle tarjoutuu uusi mahdollisuus vaihtaa kiiltokuvia päärynöitä vastaan, hän ei enää pidä omenoiden hankkimista edes yhden kiiltokuvan hinnan arvoisena. Tämä käy ilmi siitä, että hän osti eilen vain päärynöitä. Hänen arvionsa omenoista ei ehkä ole muuttunut, mutta Pekka arvostaa päärynädiilin hyötyä omenadiiliä korkeammalle. Ostopäätöksemme perustuvat tällaisten arvostusten vertailuihin. Ne ovat suhteellisia: tavoittelemme sitä, mitä arvostamme eniten, ja maksamiamme hintoja rajoittaa arvostuksemme siitä, mitä saamme ja mitä tarjoamme maksuksi.

Voimme käyttää tätä esimerkkiä selvittääksemme, mitkä olisivat omenoiden, kiiltokuvien ja päärynöiden vaihtosuhteet (hinnat) vapailla markkinoilla, kun otetaan huomioon Matin, Pekan ja Tuomaksen nykyiset arvostukset. Pekalle on kannattavaa vaihtaa yksi kiiltokuva yhteen omenaan. Se ei ole enää, jos hän voi saada viidellä kiiltokuvalla viisitoista päärynää – se on hänestä parempi kauppa. Matti tarjoaa nyt kahta omenaa jokaista kiiltokuvaa kohti, ja Pekka harkitsee tätä mahdollisuutta. Jos Pekka tarttuu Matin esittämään tarjoukseen, näyttää siltä, että Pekka arvostaa päärynöitä jossain yhden ja kahden omenan välimaastossa. Emme voi esittää tätä tarkempia arvioita, vaikka olettaisimmekin, ettei Pekan omena- ja päärynämaku muutu. Sen sijaan voimme kirjata todettuja vaihtosuhteita ylös ajan mittaan. Näyttää siltä, että omena vaihdetaan yhteen kiiltokuvaan ensimmäisenä päivänä, viidellä kiiltokuvalla saa viisitoista päärynää toisena päivänä ja kaksi omenaa vaihdetaan yhteen kiiltokuvaan kolmantena päivänä. Emme kuitenkaan havainneet tai tiedä mitään näiden kolmen ihmisen arvostusten rajoista. Tai siitä, miten ne ovat saattaneet muuttua ajan kuluessa.

Tämä on hintojen logiikkaa. Jos lisäämme ihmisiä ja hyödykkeitä (tai palveluita), kaikista hintasuhteista ja liiketoimista on aina vain vaivalloisempaa ja sekavampaa pitää kirjaa. Mutta mekanismi on sama. Hinnat ovat vaihtosuhteita. Tämä pätee, vaikka kaikki alkaisivat käyttää yhtä hyödykettä yhteisenä vaihdannan välineenä, esimerkiksi rahaa. Jos kaikki ryhtyisivät puhumaan hyödykkeiden hinnoista sen perusteella, kuinka paljon kiiltokuvia niiden ostamiseen tarvitaan, hintojen vertailu helpottuu huomattavasti. Hinnat ovat kuitenkin edelleen vaihtosuhteita, ja yksittäiset vaihdot tapahtuvat jatkossakin molemminpuolisen hyödyn saavuttamiseksi.

Vaiheittainen menetelmä

Käytännössä kaikki tärkeä tieto, jonka saamme Matin, Pekan ja Tuomaksen esimerkistä, ei perustunut havainnointiin vaan aiempaan ymmärrykseemme ihmisen toiminnasta. Koska ymmärrämme, että toimimme saavuttaaksemme jotain arvostamaamme, ja että vaihdantaa tapahtuu vain molemminpuolisen hyödyn saamiseksi, voimme selittää Matin, Pekan ja Tuomaksen välisen vaihdannan merkityksen ja heidän määrittelemänsä vaihtosuhteet. Pelkällä havainnoinnilla siitä, kenellä on mitä, milloin, ja mikä on tämän vaihdon "mekanismi"ei pystytä kertomaan, mistä on oikeastaan kyse. Samoin taloustieteessä ei useinkaan ole mahdollista tehdä kahta havaintoa ja ymmärtää prosessia, jonka perusteella ne eroavat toisistaan. Meidän on mietittävä toiminnan logiikkaa ja tutkittava, mitä todella tapahtui ja *miksi*.

Siirrytään askel eteenpäin ja otetaan esimerkki rahataloudesta (käsittelemme rahaa kuudennessa luvussa). Rahalla on tietty ostovoima: tarvitsemme tietyn määrän rahaa ostaaksemme erityyppisiä hyödykkeitä. Monet taloustieteilijät, niin entiset kuin nykyisetkin, väittäisivät aivan oikein, että rahan tarjonta (kuinka paljon rahaa on saatavilla) vaikuttaa hyödykkeiden hintoihin. Kun uutta rahaa luodaan, sitä on enemmän tarjolla saman hyödykemäärän ostamiseen, joten rahahinnoilla eli rahamääräisesti ilmaistuilla hinnoilla on taipumus tällaisissa tapauksissa nousta. Jos ostettavissa olevien hyödykkeiden määrä pysyy samana, mutta rahan määrä sen sijaan vähenee, rahaa on vaikeampi saada, joten rahahinnoilla on taipumus laskea.

Emme tästä huolimatta voi sanoa, että rahan tarjonnan ja hyödykkeiden hintojen välillä olisi verrannollinen suhde. Rahan tarjonnan kaksinkertaistaminen ei kaksinkertaista kaikkia hintoja. Vaikka kaikki raha kaksinkertaistettaisiin taianomaisesti yhdessä yössä, niin emme silti voi sanoa, että seuraavana aamuna myös kaikkien hyödykkeiden hinnat olisivat kaksinkertaistuneet. Miksi emme voi esittää tällaista väitettä? Koska ihmiset eivät reagoi samalla tavalla tai samaan aikaan käteisvarantojensa kaksinkertaistumiseen. Uudet hinnat, aivan kuten vanhatkin, määräytyvät ihmisten toiminnan perusteella.

Meidän on taloudellisesti ajatellessamme käytävä koko vaiheistus loogisesti läpi *vaihe vaiheelta*, jotta voimme ottaa riittävissä määrin huomioon muutokset, jotka tapahtuvat ajan kuluessa ja toinen toistaan seuraten. Tiedämme, että hinnat ovat vaihtosuhteita, jotka määräytyvät tarjonnan (kuinka paljon tavaroita ja palveluita tarjotaan myyntiin) ja kysynnän (kuinka paljon ihmiset ovat valmiita ostamaan) mukaan. Mutta se, että henkilön käteisvarat kaksinkertaistuvat, ei tarkoita, että hän kykenee kaksinkertaistamaan samojen tavaroiden ja palveluiden ostot. Sen sijaan ihmiset ostavat aina niitä tavaroita ja palveluita, jotka parhaiten tyydyttävät heidän tarpeita suhteessa muihin tarjolla oleviin tavaroihin ja palveluihin.

Toisin sanoen, jos ihminen ostaa kaksi litraa jogurttia normaalisti, ei ole mitään syytä odottaa hänen ostavan *neljä* litraa jogurttia käteisvarojen kaksinkertaistuttua. On todennäköisempää, että on olemassa muita tavaroita ja palveluita, jotka tyydyttäisivät hänen tarpeensa paremmin kuin kolmas tai neljäs litra jogurttia, ja ihminen ostaisi lisäjogurtin sijaan todennäköisesti niitä. Loppujen lopuksi on olemassa syy sille, miksi hän ei ostanut kolmatta jogurttilitraa aiemmin. Yksilöt tavoittelevat missä tahansa tilanteessa niitä päämääriä, joita he pitävät itsensä kannalta arvokkaimpina, kuten olemme edellä jo huomanneet.

Aivan kuten Pekka edeltävässä esimerkissä valitsi ensiksi päärynät omenoiden sijasta ja tämän jälkeen omenat päärynöiden sijasta Tuomaksen tehtyä hänelle paremman vaihtotarjouksen. Ihmiset heräisivät uuteen päivään suuremmin käteissaldoin ja voivat tällöin ostaa mitä ikinä pitävätkään mielekkäimpänä. Jotkut saattavat päättää yksinkertaisesti ostaa enemmän samaa, toiset saattavat ostaa muita asioita sen lisäksi, mitä yleensä ostavat, ja toiset taas saattavat ostaa joitain täysin muita asioita. Tämä tarkoittaa, että myytäväksi tarjottujen hyödykkeiden kysyntä muuttuu eri tavoin: joidenkin hyödykkeiden kysyntä kasvaa, joidenkin vähenee ja joidenkin kohdalla ei tapahdu muutoksia tai muutos on hyvin pieni. Tämä muuttaa eri hyödykkeiden markkinahintoja. Lisääntynyt kysyntä saa joidenkin hyödykkeiden hinnat nousemaan ja toisten kysynnän väheneminen saa hinnat laskemaan.

Yksilöt eivät toimi samanaikaisesti. Jotkut toimivat aikaisemmin, ennen kuin hinnat ovat sopeutuneet uuteen todellisuuteen. Heidän ostovoimansa on kaksinkertaistunut (rahan määrän kaksinkertaistuessa), kun otetaan huomioon hyödykkeiden hinnat. Yksilöiden todelliset ostokset (kysyntä) vaikuttavat heidän ostamiensa hyödykkeiden hintoihin markkinoilla. Tämä tarkoittaa, että myöhemmin toimiville niiden hyödykkeiden hinnat, joita *aiemmin toimineet päättivät aiemmin ostaa ja hankkia*, saattavat nousta. Hinnat määräytyvät ihmisten toiminnan, eivät matemaattisten kaavojen perusteella.

Kuvitellaan, että edellä mainitut ihmiset toimisivat aiemmin, mutta eivät ostaisi ylimääräisillä rahoillaan kahta ylimääräistä jogurttilitraa. Sen sijaan he ostaisivat rahoillaan kahvia. Tämä tarkoittaa, että kahvi on jo myyty, kun myöhemmin toimivat haluavat ostaa sitä. Myytäväksi jäänyt kahvi on niukempaa, ja järkevä kauppias saattaa nostaa kahvin hintaa hyötyäkseen tästä äkillisestä kysynnän kasvusta. Tämän seurauksena myöhemmin toimivat kohtaavat erilaisen hintatilanteen kuin aiemmin toimineet, jolloin jotkut hinnat ovat korkeampia ja toiset hinnat puolestaan eivät – jotkut hinnat ovat ehkä alempia kuin ne muuten olisivat olleet. Heidän toimintansa riippuu kohdatuista erityisistä vaihdantatilanteista. Ei kuitenkaan ole mitään syytä olettaa, että ihmisten toiminta kaiken kaikkiaan jotenkin salaperäisesti "tasapainottuu" siten, että kaikki hinnat päätyisivät täsmälleen kaksinkertaisiksi eilisiin hintoihin verrattuna. Voimme kuitenkin päätellä, että hinnat yleensä ottaen nousevat tällaisessa tilanteessa, koska rahaa on enemmän mutta hyödykkeitä ei (muiden asioiden pysyessä yhtäläisinä). Kaikkien hyödykkeiden hinnat eivät kuitenkaan nouse samassa suhteessa rahan tarjonnan kasvaessa.

Tämä vaiheittainen tarkastelutapa osoittaa, että yleinen päätelmä, jonka mukaan rahan määrän kaksinkertaistaminen tuplaa kaikki hinnat, on varomaton ja perusteeton. Hinnat sopeutuvat olosuhteisiin epätasaisesti ja eriaikaisesti. Näin ollen olisi virheellistä sanoa, että raha on taloudessa "neutraalia". Edes taianomainen raha ei ole neutraalia.

Taloustiede yhteiskuntatieteenä

Taloudellisen päättelyn jatkuvasti muuttuva lähestymistapa tarkoittaa, ettemme voi soveltaa taloustieteeseen samoja havainnointimenetelmiä kuin kemian tai fysiikan kaltaisiin luonnontieteisiin. Emme yksinkertaisesti voi luottaa havainnointiin ja mittauksiin ymmärtääksemme yhteiskunnallisia ja sosiaalisia ilmiöitä, emmekä myöskään voi luottaa staattisiin analyyseihin tai aggregaatteihin. Taloutta on tarkasteltava *prosessina* – kehittyvänä kompleksina adaptiivisena järjestelmänä – ja meidän on noudatettava vaiheittaista logiikkaa esittääksemme ja paljastaaksemme sen prosessit ja todelliset vaikutukset, kun ne ilmenevät ajan kuluessa.

Tämä tarkoittaa, että yhteiskuntatieteissä teorialla on erityinen rooli ja merkitys, joka eroaa sen hyödyntämisestä luonnontieteiden piirissä. Teoria *edeltää* havainnointia, ja vain sen avulla kykenemme jäsentelemään ja käsittämään näkemämme. Teoria on viitekehys, jonka avulla kykenemme *ymmärtämään* havaintoamme sen paljastaessa taustalla olevia prosesseja, mutta sen avulla ei voida laatia tarkkoja ennusteita odotettavissa olevista lopputulemista. Tarkkojen ennusteiden tekeminen luonnontieteiden tapaan edellyttäisi ihmisten todellisten subjektiivisten arvostusten ymmärtämistä eli tulisi nähdä riittävän tarkasti, mitä he näkevät ja miten he ymmärtävät ympäristönsä, vaihtoehtonsa ja tilanteensa. Mutta tällainen informaatio ei ole havainnoijien – esimerkiksi taloustieteilijöiden – käytettävissä.

Näin ollen yhteiskuntatieteet ja siten myös taloustiede ovat väistämättä teoreettisia eri merkityksessä kuin luonnontieteet. Teoria käsittää sen, mitä voidaan loogisesti päätellä ihmisen toiminnasta – se on kaikkien sosiaalisten ilmiöiden selitys, joka perustuu ymmärrykseemme siitä, mitä toiminnalla tarkoitetaan. Loppujen lopuksi kaikilla sosiaalisilla ilmiöillä on yksi yhteinen piirre: ne ovat kaikki ihmisten toiminnan tulosta.

Tämä tarkoittaa, että yhteiskuntatieteissä teoria on rajallisempaa kuin luonnontieteiden teoria, mutta sen rima on myös huomattavasti korkeammalla: yhteiskuntatieteellinen teoria on *totta*, ei vain joukko vielä vääriksi todistettavia hypoteeseja.

Osa II

Markkinat

4

Prosessi, ei tehdas

Ymmärtääksemme, mitä taloudessa oikeastaan tapahtuu, tärkeää ei ole tavaroiden laatu tai määrä kauppojen hyllyillä. Tärkeää on se, miksi ja miten ne ovat kauppoihin päätyneet.

Tähän kysymykseen vastaamiseksi ei riitä pelkästään toteaminen, että tavarat saapuivat kauppaan viime viikolla kuorma-autolla, koska tämä vastaus kertoo vain sen, miten tavarat kuljetettiin kauppaan. Se ei kerro meille mitään kaikista niistä vaiheista, joiden piti tapahtua, jotta tavarat saatiin tarjolle. Ja paljon ehtii tapahtua ennen kuin kaikki kaupoista löytyvä tavara on lopulta saapunut kauppoihin. Kaikki tavarat, jotka ovat eri kaupoissa tarjolla, ovat ensinnäkin jonkun keksimiä; ne on ensin suunniteltu ja sitten tuotettu. Tuotantoprosessia määriteltiin ja kaikki sen vaiheet kehitettiin. Tarvittavat koneet ja työkalut suunniteltiin ja tätä prosessia ohjattiin ja valvottiin. Jonkun piti miettiä, miten tavaroita voitaisiin parhaiten markkinoida ja tarjota kauppiaiden valikoimiin – ja sitten jonkun piti ratkaista kaikki varastointiin ja logistiikkaan liittyvät haasteet. Ja jonkun oli myös rahoitettava koko homma.

Toisin sanoen, ymmärtääkseen kaikkea, mitä näemme ympärillämme, mukaan lukien kaikki, mitä pidämme lähes itsestäänselvyytenä, meidän on tunnustettava, että talous ei ole tila vaan *prosessi*. Talouden tilannekuvan tarkastelu kertoo meille hyvin vähän – jos oikeastaan yhtään mitään – siitä, miten talous toimii, vaan se saattaa pahimmillaan jopa johtaa meitä harhaan ja johtaa täysin virheellisiin johtopäätöksiin. Ilman prosessin tunnistamista voi olla helppo ajatella, että tietty tilanne on tehoton, väärä tai epäoikeudenmukainen, ja myös ajatella, että sitä on helppo parantaa, korjata vääryys tai laskea lopputulos, joka on vähemmän epäoikeudenmukainen.

Jos esimerkiksi tarkastelemme vain osaa kokonaisuudesta, voi tuntua epäoikeudenmukaiselta, että kauppiaalla on niin paljon tavaraa ja muilla ihmisillä ei ole mitään. Mutta kun tarkastelemme kokonaisuutta, huomaamme, että nämä tavarat eivät ole kauppiaan käytössä, vaan ne ovat vain tavaroita, jotka ovat matkalla lopulliseen käyttötarkoitukseen eli kuluttajien käytettäviksi. Kauppias ei ole hamstraaja – ja kauppiaalla on vain vähän "taloudellista valtaa". Kauppias tarjoaa palvelua, jonka tarkoituksena on saattaa kyseiset tavarat kuluttajien saataville, ja kauppiaan menestys riippuu kuluttajien halukkuudesta ja kyvykkyydestä ostaa kauppiaan hallussa olevia tavaroita. Ilman kauppiasta kuluttajien olisi ostettava kaikki haluamansa irtotavarana tukkukauppiailta. Kauppias tarjoaa meille kätevästi laajan valikoiman tavaroita samasta paikasta.

Koordinoitu prosessi

Talouteen mahtuu muutakin kuin kauppojen hyllyillä notkuvien tavaroiden tuotanto. Kauppoihin päätyvien tavaroiden tuotanto on mahdollista, koska on olemassa muita prosesseja ja tuotantoa. Esimerkiksi jogurtin tuottaja ei yleensä tuota jogurtin mahdollisesti sisältämää maitoa, maito- tai herajauhetta, kermaa, maitohappoa tuottavia bakteereita, sokeria, hedelmiä, aromeja ja erilaisia muita ainesosia. Jogurtin valmistaja harvoin rakentaa koneita ja laitteita, joita he käyttävät jogurtin valmistuksessa, rakennusta, jossa jogurttia tuotetaan, pakataan ja valmistellaan kuljetusta varten tai energiantuotantolaitosta, joka toimittaa heille sähköä. Ei riitä, että vain yksi henkilö valmistaa jogurttia ennen kuin se päätyy kaupan hyllylle. Itse asiassa jogurtin valmistajat eivät voisi tuottaa jogurttia, ellei tarvittavien ainesosien tuottajia olisi jo olemassa.

Kaiken kaikkiaan jogurtin valmistaja on osa paljon pidempää toimitus- ja tuotantoketjua, joka täyttää aukkoja koko tuotantoprosessissa, joka puolestaan koostuu monista tuottajista ja erityisistä tuotantoprosesseista. Yhdessä nämä prosessit – jotka usein toteutetaan eri yritysten toimesta eri aikoina – muodostavat hyvin pitkän toimitusketjun, joka askel askeleelta saa aikaan tietyn hyödykkeen niistä "alkuperäisistä tekijöistä", jotka olivat käytettävissämme jo aikojen alussa: luonnosta ja työvoimasta. Joku raivasi maata sokeriruo'on tai maissin viljelyä varten. Joku päätti tarjota kuljetuspalveluja, mikä oli sen ansiota, että joku muu oli rakentanut tiet, päällystänyt ne ja tuottanut kuorma-autoja. Kuorma-autoja voitiin puolestaan valmistaa, koska joku muu oli jo valmistanut terästä, muovia ja kaikkea muuta, mistä kuorma-autot valmistetaan. Terästä voitiin valmistaa, koska jotkut muut pyörittivät kaivoksia ja sulattoja. Jos lueteltaisiin kaikki ne asiat, joiden ansiosta jogurtin valmistaja voi tuottaa jogurttia, luettelo olisi uuvuttavan pitkä. Jopa pienen pienet asiat, kuten kahvi, jota jogurttitehtaan työntekijät hörppivät tauoillaan, ovat pitkän toimitusketjun tulosta. Ei ole tarpeen kartoittaa kaikkia niitä asioita tai tekijöitä, jotka osallistuvat tietyn hyödykkeen valmistamiseen, vaan tarkoitus on ymmärtää, että talous on kaikkien näiden asioiden *yhteistoiminnan tulosta*.

Vaikuttaa siltä, että tarvitaan monia yrityksiä ja työntekijöitä tuottamaan pitkä litania hyödykkeitä, jotka on tarkoitettu vain tuon tietyn jogurttipurkin valmistamiseksi, jonka päätit valita kaupan kylmäkaapista ja ostaa itsellesi. Tämä on jossain mielessä totta – kaikki ne olivat osana prosessia ja kaikki ne olivat välttämättömiä, jotta lopputuote saadaan kaupan hyllylle tarjolle. Mutta kaivostyöläisellä ei tietenkään ole aavistustakaan siitä, että kaivoksesta louhitusta malmista valmistetaan terästä, joka siirtyy osaksi konetta, joka tuottaa jogurttia, jonka sinä juuri ostit kaupasta. Kahvinviljelijöillä ei ole aavistustakaan siitä, että heidän viljelemänsä kahvi päätyy kaukaisessa maassa työskentelevien jogurttitehtaan työntekijöiden taukojuomaksi, jotka valmistavat juuri sitä jogurttia, jota sinä haluat ostaa. Samalla tavalla kaupan myyjien ei tarvitse tietää mitään kaikista niistä vaiheista, jotka ovat jo tapahtuneet ennen kuin kylmäkaapin hyllyihin survotaan lisää jogurttipurkkeja.

Kyse on hienostuneesta ja monimutkaisesta tuotantoprosessista, joka tuottaa kaikki mahdolliset kaupassa näkemäsi tavarat. Se ei ole minkään yksittäisen tahon suunnittelema lopputulos. Kokonaisprosessia ei ole koordinoitu tiettyjen hyödykkeiden valmistamista silmällä pitäen. Kukaan ei ole laatinut suunnitelmia tai vuokaavioita, jossa nämä kaikki vaiheet ja niiden järjestys määriteltäisiin alusta loppuun. Kukaan ei ole arvioinut, kuinka paljon kiveä on murskattava, jotta saadaan riittävä määrä rautamalmia, jota lopulta käytetään muunnetussa muodossa yhtenä osana jogurtin valmistusprosessia. Prosessia ei ohjaa hyödykkeiden luominen, vaan arvon luominen sinulle kuluttajana.

Kaikkialla taloudessa yritykset kilpailevat keskenään luodakseen mahdollisimman paljon arvoa tuottamalla ja tarjoamalla hyödykkeitä. Tämä nähdään kilpailuna, samojen tai samankaltaisten hyödykkeiden tarjoamisena: esimerkiksi kilpailevat jogurtin tuottajat. Tämä on kuitenkin hyvin kapeakatseinen näkemys. Jogurtin valmistajat kilpailevat epäsuorasti jogurtin valmistuksessa tarvittaviin koneisiinsa käytettävästä teräksestä, mikä tarkoittaa, että ne kilpailevat kaikkien muiden terästä käyttävien tuottajien kanssa. Sama koskee myös sokeria ja hedelmiä. Ja työntekijöitä. Ja kahvia, jota jogurttitehtaan työntekijät juovat, ja ehkäpä jotkut heistä käyttävät sokeria kahvissaan.

Miksi osa tuotetusta teräksestä päätyy jogurttikoneisiin? Vastausta tähän kysymykseen käsitellään perusteellisesti kirjan viidennessä luvussa. Tässä vaiheessa riittää huomata, että kaikki yritykset tuottavat suoraan tai välillisesti hyödykkeitä, jotka on tarkoitettu kuluttajien nautittaviksi. Kaikella tuotannolla on tämä sama tavoite, riippumatta siitä, tietävätkö esimerkiksi teräksen tuottajat tarkalleen, mihin heidän tuottamaansa terästä oikeastaan käytetään. He eivät tiedä, eikä heidän tarvitsekaan tietää. Se arvo, jonka kuluttajat näkevät näissä tuotetuissa kulutushyödykkeissä, määrittelee sen, kuinka paljon he ovat valmiita maksamaan niistä. Tämä maksu on peruste, joka mahdollistaa yritysten tekemät investoinnit ja kulut koko taloudessa. Se, mikä epäsuorasti järjestelee sen, mitä eri yritykset tekevät – ja miten ne tekevät mitä ikinä tekevätkään – on yrittäjien odotus siitä, että ne edistävät panoksellaan kuluttajien arvokkaiksi kokemien hyödykkeiden toimittamista heille.

Jatkuva innovointi

On tärkeää huomata, että kilpailu on muutakin kuin näkemäämme yritystoimintaa ja tuotantoa. Kyllä, yritykset kilpailevat. Ne kilpailevat sekä suoraan että välillisesti pyrkimällä ostamaan samoja tuotantopanoksia ja yrittämällä myydä samoille asiakkaille, kuten yllä totesimme. Tämä on kuitenkin aivan liian suppea näkemys kilpailusta, sillä se jättää huomioimatta sen, mikä on merkityksellistä pidemmän päälle. Yritykset eivät kilpaile ainoastaan olemassa olevia yrityksiä vastaan, vaan myös sellaisten yritysten kanssa, joita ei ole vielä olemassa. Olemassa olevat yritykset ovat nimittäin tulosta jo käydystä kilpailusta.

Jos tämä kuulostaa kummalliselta, se johtuu siitä, että olemme tottuneet tarkastelemaan taloutta vain tilana – siis tilan kuvauksena – emmekä prosessina. Ne yritykset, jotka ovat nyt olemassa, ovat jo käydystä kilpailullisesta karsintaprosessista selvinneitä. Koska nämä yritykset olivat parempia – tuottavampia, tarjosivat laadukkaampia hyödykkeitä ja niin edelleen – ne ovat *vielä tällä hetkellä olemassa*. Ja ne jatkavat toimintaansa vain, jos ne ovat jatkossakin kilpailijoita parempia. Niiden on oltava parempia kuin muiden vielä elossa olevien yritysten, mutta myös niitä yrityksiä parempia, joita ei ole vielä perustettu tai jotka kehittävät tai parantelevat tuotteitaan. Tämä koskee myös yrityksiä, jotka tuottavat hyödykkeitä, joita ei vielä ole olemassa tai joita ei ehkä ole vielä edes kuviteltu, mutta jotka voisivat tarjota kuluttajille enemmän arvoa kuin jo saatavilla olevat hyödykkeet.

Uusien hyödykkeiden, tuotantotekniikoiden, materiaalien, organisaatioiden ja vastaavien innovointi muuttaa perusteellisesti sitä, miten taloudessa tuotetaan hyödykkeitä ja mitä hyödykkeitä tuotetaan. Aikakaudella, jolloin hevoset ja vaunut olivat tavanomainen kuljetusväline, tallien ja kuljetusyritysten välillä oli varmasti kilpailua, aivan kuten hevosvaunujen valmistajienkin välillä kilpailtiin. Mutta jos tarkastellaan vain näitä yrityksiä, emme voi koskaan selittää, miten hevosajoneuvot korvautuivat ja syrjäytyivät sellaisten yritysten toimesta, jotka toivat mukanaan autoilun aikakauden. Nykyään on hyvin vähän yrityksiä, jotka tuottavat kannattavasti hevosvaunuja. Syynä on se, että autot tarjosivat kuluttajille enemmän arvoa.

Kuluttajien näkökulmasta tarkasteltuna hevosajoneuvot olivat arvokkaita hyödykkeitä, *kunnes markkinoille tuli tarjolle kohtuuhintaisia autoja*. Autot tarjosivat suurempaa arvoa, minkä vuoksi ne heikensivät hevosajoneuvoalan kannattavuutta ja lopulta tuhosivat hevosajoneuvoteollisuuden. Tätä kutsutaan joskus "luovaksi tuhoksi", joka on taloudellisen kehityksen ydin: vanhempi ja vähemmän arvoa tuottava tuotanto väistyy uuden ja suurempaa arvoa tuottavan tuotannon tieltä.

Tunnustaessamme luovan tuhon todellisuuden ja että se asettaa yrityksille jatkuvan paineen innovoida ja keksiä itsensä uudelleen, jotta niitä ei voida syrjäyttää, ymmärrämme, että taloutta on mahdotonta ymmärtää muuna kuin prosessina. Taloudet kehittyvät ja muuntuvat ajassa; ne keksivät itsensä uudelleen. Kilpailu ei ole pelkästään kahden tai useamman samanlaisia asioita tuottavan ja myyvän yrityksen välistä kilpailua, vaan jatkuvaa painetta palvella kuluttajia aina vain paremmin – siis sekä nykyisiä että tulevia kuluttajia. Historia on täynnä kertomuksia menestyksekkäistä ja vaikutusvaltaisista yrityksistä, joista monia pidettiin liian suurina ja "mahtavina" kaatumaan tai syrjäytymään. Useimmat niistä ovat jo kauan sitten kadonneet ja unohdettu historian aikakirjoihin, koska joku on keksinyt, miten voidaan tuottaa enemmän arvoa kuluttajille.

Jatkuva epävarmuus

Vaikka talous – ja erityisesti *markkina*talous – ymmärretäänkin parhaiten prosessina, olisi virheellistä ajatella sitä tuotantoprosessina. Käsittelimme tätä seikkaa lyhyesti aiemmin, mutta asiaa on syytä toistaa ja tarkentaa. Talous koostuu tuotantoprosesseista, mutta nämä tuotantoprosessit ovat itse asiassa valikoitu: ne ovat niitä tuotantoprosesseja, jotka selviytyivät vähemmän arvoa tuottavan tuotannon jatkuvasta karsimisesta. Monet näistä eloonjääneistä tuotantoprosesseista puolestaan karsitaan pois, kun uusia ja enemmän arvoa tuottavia tuotantoprosesseja pyritään toteuttamaan.

Tuotantoprosessi koostuu toiminnoista, joiden avulla tietyistä panoksista saadaan aikaan tiettyjä tuotoksia. Se on tyypillisesti, mutta ei välttämättä, suunniteltu ja organisoitu. Voimme ajatella sitä tehtaassa tapahtuvana prosessina. Tehtaassa tapahtuvat tarkat toiminnot voivat muuttua ajan kuluessa, samoin kuin ihmiset ja koneet. Useimmat osat ovat jossakin mielessä vaihdettavissa. Joskus itse tehdasta halutaan käyttää johonkin muuhun käyttötarkoitukseen, mutta se, mikä tekee siitä tehtaan, on sama perusseikka: se muuttaa panokset tuotoksiksi. Tehdas ei ylipäätään valmista tuotoksia – se ei ole taianomainen tuotantokone. Tehdas tuottaa selkeästi määriteltyjä tuotoksia (hyödykkeitä) turvautumalla suunniteltuun tuotantoprosessiin, joka edellyttää tiettyjä panoksia tietyissä määrissä.

Mikään tästä ei koske taloutta prosessina! Talouden "tuotos" on arvo kulutushyödykkeiden muodossa, mutta tosiasiallisesti tuotetut hyödykkeet muuttuvat ajan kuluessa – ja samoin niiden arvo. Talouden prosessi ei ole sen varsinaisissa tuotannoissa – tuotantoprosesseissa ja tuotetuissa hyödykkeissä – vaan jatkuva *valin-*

ta kaikkien mahdollisten tuotantosuunnitelmien joukosta, jotka tuottavat suurimman ennakoidun arvon kuluttajille. Tietokoneet korvasivat kirjoituskoneet ja mullistivat toimistotyön luonteen, aivan kuten auto korvasi hevosajoneuvot, koska se tarjosi kuluttajien enemmän arvostaman kulkupelin. Suurin osa nykyisistä hyödykkeistämme ja niitä tuottavista prosesseista korvataan ennemmin tai myöhemmin paremmilla ja arvokkaammilla prosesseilla.

Emme voi sanoa, mitä hyödykkeitä yritetään tuottaa, emmekä varsinkaan sitä, mitkä niistä lopulta menestyvät. Tuotanto on toisin sanoen aina epävarmaa. Se edellyttää jonkinlaista investointia, ennen kuin tuotoksen arvo voidaan tietää. Kuluttajat kokevat tämän arvon lopulta hyödykkeitä käyttäessään, ja odotukset siitä määräävät sen, minkä hinnan he saattavat olla valmiita maksamaan. Ei kuitenkaan riitä, että hyödykkeet tyydyttävät tarpeita, vaan niiden on tyydytettävä ne kuluttajien mielestä paremmin kuin mitä hän odottaa saavansa muilta tarjolla olevilta hyödykkeiltä arvon muodossa. Vain tällöin kuluttaja saattaa ostaa kyseisen hyödykkeen.

Saatavilla olevien hyödykkeiden määrä ja valikoima riippuu yrittäjien ja sijoittajien mielikuvituksesta. Toisin sanoen yrittäjä, joka kuvittelee, visioi ja pyrkii luomaan uusia arvokkaita hyödykkeitä, ohjaa tuotannon kehitystä ja muutosta taloudessa. Kuluttaja on sitten myöhemmin se, joka arvioi, mitkä yrittäjien tuotannoista ovat riittävän arvokkaita ostettaviksi – ja mihin hintaan. Kuluttaja on toisin sanoen omalakinen, ja ostamalla tai ostamatta jättämällä kuluttaja määrää, ketkä yrittäjistä tekevät voittoa ja ketkä puolestaan kärsivät tappiota.

5

Tuotanto ja yrittäjyys

Miksi me tuotamme? Siitä yksinkertaisesta syystä, että luonnontila ei automaattisesti tyydytä kaikkia tarpeitamme ja toiveitamme. Villieläimet, viljat ja marjat eivät riitä elättämään koko maailman väestöä. Tietokoneet, lentokoneet ja sairaalat eivät kasva puissa. Toisin sanoen, käytettävissä olevat keinot ovat niukkoja. Kun jollekin asialle on enemmän käyttökohteita kuin mitä voimme käytettävissämme olevilla keinoilla tyydyttää, meidän on toimittava taloudellisesti eli punnittava vaihtoehtoja ja tehtävä valintoja. Silloin on järkevää olla tarkkana siinä, miten resursseja käytetään, jotta emme tuhlaa niitä tai käytä niitä väärien asioiden tavoittelemiseen.

Niukkuuden kanssa elämiseen on kaksi tärkeää strategiaa. Ensimmäinen on säännöstely, joka tarkoittaa sitä, että rajoitamme resurssin käyttöä, jotta se riittää pidempään. Tämä on yleinen ja sopiva strategia, kun kyseessä on jokin tietty resurssi, joka on rajallinen. Jos esimerkiksi joku, jolla on vain rajallisesti vettä ja ruokaa (eikä toivoakaan saada niitä lisää), hyötyisi juomisen ja syömisen säännöstelystä elämän perustarpeiden turvaamiseksi. Tämä strategia on intuitiivinen, mutta se on kuitenkin yleensä sopimaton yhteiskunnan skaalassa ja erityisesti markkinoiden näkökulmasta.

Parempi strategia on tuotanto, joka toimii taloudellisesti arvon ympärillä. Yksinkertaisesti sanottuna tuotanto tarjoaa meille mahdollisuuksia tyydyttää enemmän tarpeita käytettävissä olevilla resursseilla – sillä saa "enemmän irti" eurosta sen sijaan, että "euroa" vain levitettäisiin laajemmalle joukolle.

Tuotantoa niukkuuden voittamiseksi

Tuotanto lievittää niukkuuden aiheuttamaa taakkaa luomalla *parempia keinoja*. Tuotanto luo lisäarvoa muuttamalla, muokkaamalla ja parantamalla sitä, mitä luonto itsessään tarjoaa. Tuottamalla voimme tyydyttää paljon enemmän ja arvokkaampia tarpeita kuin muuten olisi mahdollista.

Mitä paremmin tuotamme, sitä enemmän ja paremmin käyttötarkoituksiinsa soveltuvia keinoja on käytettävissämme päämääriemme saavuttamiseksi. Tätä tarkoittaa "talouskasvu". Mitä "suurempi" talous on, sitä tuottavampi se on, mikä tarkoittaa, että se kykenee paremmin tyydyttämään kuluttajien tarpeet. Se luo enemmän arvoa.[1]

[1] Huomaa, että tässä ei ole kyse tavaroiden tuottamisesta vaan tarpeiden tyydyttämisestä. Talous, joka tuottaa enemmän hyödykkeitä, ei välttämättä tuota enemmän arvoa kuin talous, joka tuottaa vähemmän hyödykkeitä. Se voi yksinkertaisesti olla tuhlailevampi. Olennaista on tuotettujen hyödykkeiden arvo, ei niiden määrä tai koko – eikä varsinkaan niiden tuottamiseen käytettyjen resurssien määrä. Tuotanto on prosessi,

Monet pitävät leipää arvokkaana keinona nälän tyydyttämiseksi. Useimmat meistä pitävät leipää – pidimmepä leivästä tai emme – parempana keinona nälän tyydyttämiseksi kuin vaikkapa raa'an vehnän ja hiivan sekoittamista veteen, ja litkun kaatamista kurkusta alas. Tästä syystä sekoitamme leivän raaka-aineet yhteen ja valmistamme leipää; leivän lisäarvo oikeuttaa sen valmistamisen. Saamme lisäarvoa, vaikka se tarkoittaa, että käytämme ylimääräisiä resursseja – uunia, sähköä, työvoimaa – ja meidän on odotettava taikinan kohoamista ja leivän paistumista.

On helppo tehdä hätiköityjä johtopäätöksiä ja olettaa, että leipä on arvokkaampaa kuin sen valmistamiseen käytettävät raaka-aineet, *koska* sen valmistamisessa käytettiin lisäresursseja. Tämä on väärinkäsitys. Asia on juuri toisin päin: päätämme investoida resursseja – raaka-aineita, työvoimaa, aikaa – koska odotamme leivän tuottavan meille enemmän tyydytystä. Kun resursseja käytetään leivän leipomiseen, mukaan lukien siihen tarvittavan tiedon ja asiantuntemuksen hankkiminen, talouden kyky tuottaa arvoa kasvaa. Investoinnit parantavat meidän asemaamme paitsi siksi, että saamme leipää, mutta myös siksi, että onnistumme saamaan kyvyn leipoa leipää. Investointi luo lisää arvoa niin kauan kuin leipä on arvostettu hyödyke ja kyky leipomiseen säilyy.

Leivän odotusarvo tekee investoinnista kannattavan. Jos jokin asia olisi arvokkaampi siksi, että käytämme enemmän resursseja sen tuottamiseen, emme todellisuudessa tarkastelisi asioita taloudellisesti. Miksi käyttää vähemmän resursseja, jos *suurempia* resurssimääriä käyttämällä hyödykkeestä tulee arvokkaampi? Silloin olisimme sitä paremmassa asemassa, mitä enemmän resursseja käyttäisimme. Tämä on tietenkin hölynpölyä. Toimimme taloudellisesti, koska resurssien kuluttaminen yli tarpeen on tuhlausta.

---

jossa luodaan arvoa; tuottavuus on panosyksikköä kohti tuotetun arvon mitta.

Voimme tuottaa arvokkaampia tuotoksia käyttämällä näitä panoksia, jos vältämme parhaamme mukaan niiden tuhlaamista.

Resurssien käyttäminen ja arvonlisä korreloivat kuitenkin usein keskenään – ne näyttävät kulkevan käsi kädessä ainakin jälkikäteen tarkasteltuna. Syynä on se, että odotettu arvo oikeuttaa kustannukset. Toisin sanoen, jos pyrimme tuottamaan jotain, jonka odotamme olevan arvokasta, meillä on varaa käyttää resursseja sen tuottamiseen. Sitä vastoin, jos pyrimme tuottamaan hyödykkeen, jonka arvo on vain vähäinen, emme voi perustella läheskään yhtä suuren resurssimäärän käyttöä. Kustannukset valitaan tuotettavan arvon perusteella. Tämä tarkoittaa, että korkealuokkaisten tai ylellisyystuotteiden hinta ei ole korkeampi siksi, että niiden tuotannossa käytettäisiin harvinaisia ja kalliita materiaaleja, vaan siksi, että ne on tuotettu harvinaisia ja kalliita materiaaleja käyttäen, *koska tällaista tavaraa on kalliimpaa ostaa*. Arvo määrää kustannukset, ei toisinpäin.

Tämä kuulostaa nurinkuriselta, joten havainnollistetaan asiaa tarkastelemalla jälleen kerran leivän valmistusta. Leipä on kulutushyödyke, joten sen arvo on helppo ymmärtää: se tyydyttää suoraan halun – se parantaa tilannettamme, koska leipä tyydyttää nälän ja maistuu hyvältä. Ihmiset saattavat arvostaa leipää eri tavoin, mutta he kaikki arvostavat sitä, koska se tarjoaa heille jonkinlaista omakohtaista tyydytystä. Mutta entä ne asiat, joita tarvittiin leivän valmistamiseen? Kuluttajat eivät nauti suoraan jauhoista, hiivasta, vedestä, uunista ja sähköstä, vaan ne ovat välineitä, joita käytetään lopullisen hyödykkeen tuottamiseen. Ne tyydyttävät kuluttajia vain *epä*suorasti, koska ne mahdollistavat leivän leipomisen.

Näillä resursseilla on arvoa, koska ne *edesauttavat* leivän valmistusta. Tämä käy helposti ilmi, jos lisäämme resursseja, jotka eivät edistä kuluttajakokemusta. Kuvitellaan, että leipuri ostaa auton moottorin ja sijoittaa sen leipomoonsa. Se on leipomolle kustannus. Mutta kasvattaako se leivän lisäarvoa? Vastaus on: ei lainkaan. Moottori ei lisää leivän arvoa kuluttajille. Kuluttajat eivät arvosta leipää aiempaa korkeammalle eivätkä ole valmiita maksamaan leivästä korkeampaa hintaa vain siksi, että leipuri sattui ostamaan auton moottorin. Sama pätee erilaisiin jauhoihin tai uuneihin, jotka kyllä saattaisivat lisätä tuotantomääriä. Kuluttajat arvostavat tuotosta, eivät sen tuottamiseen tarvittuja panoksia. Jos he arvostavat vehnä- ja ruisleipää yhtä paljon, ei ole väliä, mitä jauhoja leipuri käyttää, joten halvempi olisi taloudellisempi valinta.

Tämä käy helposti ilmi, kun tarkastelemme päinvastaista tapausta. Kuvitellaan, että on olemassa leipuri ja että ihmiset nauttivat juuri tämän leipurin leipomasta leivästä. Näin ollen leivällä on arvoa, samoin kuin leipomolla ja raaka-aineilla, joita leipuri käyttää leivän valmistuksessa. Kuvitellaan nyt, että yhtäkkiä kukaan ei enää pidäkään leivästä lainkaan, joten leipurin leipä ei mene enää kaupaksi millään hinnalla. Mikä on hänen tuottamansa leivän arvo? Nolla. Mikä olisi leipurin uunin arvo? Myös uunin arvo laskee, ehkä jopa saavuttaen nollan.

On tärkeä sanoa "ehkä jopa saavuttaen nollan", koska se riippuu siitä, mihin muihin käyttötarkoituksiin leipurin uunia voidaan käyttää. Jos sitä käytetään vain leivän valmistukseen, sillä ei ole enää arvokasta käyttöä. Miksi kukaan haluaisi tämän uunin, kun kukaan ei enää halua leipää? Kukaan ei halua sitä, eikä sillä ole arvoa. Sillä voi kuitenkin olla romuarvoa, jos sen materiaalit (teräs, lasi ja niin edelleen) voidaan kierrättää ja käyttää muihin tarkoituksiin. Tällöin uunin arvo laskisi lähelle romuarvoa, koska se on nyt sen arvokkain käyttötarkoitus.

Tämä ei koske vain ja ainoastaan uunin materiaaleja. Jos uunia voidaan käyttää johonkin muuhun kuin leivän paistamiseen, sen arvo voi silti olla romukäyttöä korkeampi. Sen arvo *kuitenkin* laskisi. Miksi? Koska sitä käytettiin paistamiseen eikä johonkin muuhun, koska leivän paistaminen oli korkeamman arvon omaava käyttötarkoitus. Leipuri osti tai rakensi uunin, *koska* se edesauttoi arvon luomista. Taloudellisuus tarkoittaa, että valitsemme korkeamman arvon omaavan käyttötarkoituksen, koska saamme resursseista tällöin enemmän arvoa. Mutta tämä muuttuu ajan kuluessa. Uunin arvo laskee, mikäli leipominen ei ole enää arvostettu käyttötarkoitus. Sen arvo ei voi olla korkeampi kuin sen uusi paras käyttötarkoitus jonkin muun arvokkaan tuotteen valmistamisessa. Jos joku keksii uunille paremman käyttötarkoituksen kuin leivän paistaminen, uunilla on tälle henkilölle suurempi arvo kuin leipurille. Odottaisimme silloin kyseisen henkilön tekevän leipurille tarjouksen uunista ja ostavan uunin leipurilta hintaan, joka on korkeampi kuin leipurin arvostus uunille.

Tämä yksinkertainen esimerkki osoittaa, että niin sanotuilla tuotantovälineillä ei ole arvoa itsessään vaan ainoastaan sen suhteen, miten ne edistävät arvokkaiden kulutushyödykkeiden tuottamista. Kaikilla tuotantoresursseilla on arvoa *vain* siksi, että ne edistävät omalta osaltaan kuluttajien haluamien hyödykkeiden luomista. Tämä pätee niinkin etäällä kulutushyödykkeistä oleviin asioihin kuten öljytankkereihin. Niiden arvo ei johdu niiden valmistamiseen käytetyistä resursseista vaan siitä, miten niitä käytetään ja miten ne edistävät arvokkaiden kulutushyödykkeiden tuotantoa. Öljytankkerien valmistuksessa käytetään tietenkin resursseja, koska niiden odotetaan edistävän arvokkaiden kulutushyödykkeiden tuotantoa. Öljytankkerien mahdollistaman lopputuleman odotettu arvo oikeuttaa niiden tuotantokustannukset.

Pääoma ja tuotanto

Tuotantopyrkimyksillä pyritään luomaan kulutushyödykkeitä, jotka tyydyttävät suoraan tarpeita, mutta kaikki tuotanto ei ole kulutushyödykkeiden tuotantoa. Leivän leivonnassa käytettävä uuni on esimerkki tästä, samoin kuin jauhojen ja hiivan tuotanto tai leipomoiden rakentaminen. Uuni on koottu tarkoituksenaan *tukea* leivän tuotantoprosessia. Toisin sanoen uuni helpottaa (tai ainakin sen on tarkoitus helpottaa) leivän tuotantoa ja tällä tavoin parantaa tuottavuutta.

Näitä "tuotantovälineitä", jotka vain välillisesti tyydyttävät kuluttajien tarpeita, kutsutaan *pääomaksi* tai *pääomahyödykkeiksi*. Kuluttaja, joka ostaa leipää, ei ole kiinnostunut siitä, onko leipurilla uuni. Kuluttajat ovat pääosin kiinnostuneita vain kulutushyödykkeestä ja siitä, miten hyvin se tyydyttää heidän tarpeensa – ei siitä, mitä tai kuinka paljon pääomaa sen tuottamiseen käytetään.

Leipuri on kiinnostunut asiasta, vaikka asiakkaat eivät olekaan. Uunin avulla voidaan tuottaa enemmän leipää vähemmällä työllä. Pääoman käytön vaikutus on suurempi tuotos panosyksikköä – erityisesti työvoimaa – kohti, mikä tarkoittaa, että samalla määrällä resursseja voidaan tyydyttää enemmän tarpeita. Leipurin kannalta tämä tarkoittaa, että leipää voidaan valmistaa suurempia määriä pienemmillä kustannuksilla. Pääomaa käytetään ja luodaan sillä se lisää tuottavuuttamme. Sijoitetuilla tuotantopanoksilla saadaan enemmän arvokkaaksi miellettyä tuotosta.

Tuottavuudessa ei ole kyse vain siitä, kuinka paljon jotakin voidaan tuottaa, vaan myös siitä, mitä voidaan tuottaa. *Taloudellinen* tuottavuus ei ole tuotantoyksiköiden teknologinen mitta, vaan keino mitata *arvoa*. Pääoma mahdollistaa tietyntyyppisten hyödykkeiden tuotannon, mikä on usein sivuutettu, mutta erittäin tärkeä tehtävä.

Palataanpa vielä kerran leipuriimme. Kuvitellaan, että uunia ei ole, mutta on mahdollista leipoa pannuleipiä asettamalla taikina tasaiselle kivelle avotulen päälle. Leipuri viettää päivänsä paistaen pannuleipää tällä tavoin. Toiminta on kannattava, koska tämä leipä täyttää kuluttajien toiveet paremmin kuin leivän valmistamiseen tarvittavat raaka-aineet yksinään. Lisäksi on riittävästi kuluttajia, jotka pitävät tällaisia pannuleipiä parempina kuin muita yksinkertaisia leipiä, jotka eivät edellytä uunin käyttöä. Toisin sanoen leivän valmistaminen on leipurin työn, jauhojen, kiven ja tulen tuottavaa käyttöä.

Mutta uuni tarjoaisi leipurille mahdollisuuden valmistaa uudenlaisia leipiä, joiden me (ja ennen kaikkea leipuri) odottaisimme olevan kuluttajille vielä arvokkaampia. Oletetaan, että yksinkertaisen uunin voi valmistaa asettamalla tasaisia kiviä avotulen päälle. Kivien keräämiseen ja niiden järjestelemiseen edellä kuvatulla tavalla investoiminen lisää leipurin leivänleivontaponnistusten arvoa. Kivistä syntyy yksinkertainen uuni, mutta leipuri voi nyt valmistaa myös toisenlaisia leipiä, joita me (ja leipuri) odotamme arvostavan enemmän kuin aiemmin valmistettuja pannuleipiä.

Tällä tavoin järjestellyt kivet muodostavat pääomahyödykkeen eli yksinkertaisen uunin. Aikaa ja vaivaa kuluttamalla leipuri on luonut uutta pääomaa, jonka lupauksena on kasvattaa kuluttajille tuotettua arvoa. Jos asiat menevät leipurin suunnitelmien mukaan, tuloksena on suurempi arvontuotanto.

Ajattelemme usein pääomahyödykkeiden olevan kestäviä. On totta, että kivet kestävät pitkään, mutta tämä ei kuitenkaan tarkoita sitä, että uuni olisi kestävä. Itse asiassa, uunin käyttö kuluttaa sen lopulta loppuun. Uunin käyttökelpoisuuden varmistamiseksi leipurin on tehtävä siihen toistuvia tai jatkuvia investointeja, kuten puhdistettava se tasaisin väliajoin tai korvattava haljenneita tai muutoin rikkoutuneita kiviä. Jos leipuri ei korjaa uuniaan, tämän pääoman – kiviuunin – käyttökelpoisuus vähenee ajan kuluessa ja lopulta se menettää arvonsa, kun uunista tulee lopulta käyttökelvoton. Sanomme, että "kulutamme" pääomaa käyttämällä sitä. Tämä pätee kaikkeen pääomaan, mutta eri tavoin ja eri aikoina: osa pääomasta kestää ajan hammasta paremmin ja on huomattavasti muuta pääomaa kestävämpää ja saattaa vaatia vähemmän huoltotoimenpiteitä.

Itse uunin kunnossapidon lisäksi leipurin on tehtävä myös muita tuki-investointeja, kuten sijoitettava aikaa ja vaivaa (ja varoja) tulentekoon ja jauhojen valmistamiseen, jotta pääoma pysyy käyttökelpoisena. Koko pääomarakenne vaatii jatkuvia investointeja. Näin ollen itse uunista ei ole hyötyä, ellei muuta leivän tuottamiseen tarvittavaa pääomaa pidetä kunnossa. Kaikki pääomahyödykkeet heikkenevät käytön ja ajan kuluessa. Toisin sanoen pääomaa lisätään tuottavuuden parantamiseksi, mutta itse pääoma *kuluu* kulutushyödykkeitä tuotettaessa. Tarvitaan siis jatkuvia uudelleeninvestointeja, jotta pääoma pysyy kunnossa ja arvokkaana.

Kivestä valmistettu uuni ei tietenkään ole läheskään yhtä tehokas kuin nykyaikaiset uunimme. Mutta se saattaa olla parasta, mitä leipurille on tällä hetkellä tarjolla. Pitkäkestoisemman ja tehokkaamman uunin valmistamiseksi leipuri tarvitsisi terästä ja kehittyneitä työkaluja, joita ei ehkä vielä ole olemassa. Vaikka leipuri keksisikin, miten tällainen nykyaikainen uuni voisi toimia, ei ehkä kannattaisi käyttää aikaa tai nähdä vaivaa sen selvittämiseen, miten kivestä valmistetaan rautaa, raudasta terästä ja teräksestä lopulta uuni. Nyt on kyse leipurista. Mutta ehkä joku muu voisi valmistaa leipurille uunin. Ja joku tosiaan valmisti nykyaikaisen uunin, koska nykyään on tarjolla valtava valikoima toinen toistaan tehokkaampia uuneja ja muita leipurin leivän paistossa tarvitsemia vempaimia.

Nykyaikaiset uunit ovat seurausta vuosisatoja jatkuneista investoinneista uuteen ja parannettuun pääomaan, hienostuneeseen suunnitteluun, parempiin materiaaleihin ja tehokkaampiin tuotantotekniikoihin. Pidämme tätä pitkää ja monimutkaista historiaa itsestäänselvyytenä. Mutta tämä historiallinen tuotantosykli on johtanut nykyaikaisiin koneisiin ja laitteisiin, joita löytyy nyt lähes kaikkialta. Sama pätee kaikkeen, mitä voimme ostaa: kaikki hyödykkeet ovat jalostettuja osia luontoa, jotka ovat luotu yhtä ainoaa tarkoitusta varten – tarjoamaan kuluttajille heidän haluamaansa (ja toivomaansa) tyydytystä.

Kaikki ne ponnistelut, joilla luodaan materiaaleja, työkaluja, koneita ja vastaavia, ovat investointeja pääomaan, jotka tehostavat tuotantoa ja tarjoavat meille mahdollisuuden tyydyttää yhä useampia ja monipuolisempia tarpeita entistä tehokkaammin. Yhdessä kaikki tämä pääoma on järjestetty koko talouden kattavaksi tuotantorakenteeksi, jonka avulla voimme luoda tehokkaasti lukuisia erilaisia hyödykkeitä, jotka tyydyttävät kuluttajien tarpeita.

Talouden *pääomarakenteeksi* kutsutaan sitä pääoman määrää, jota käytetään erilaisissa yhdistelmissä (kuten kivistä tehty uuni ja tuli), joiden avulla yhteiskunta voi tuottaa erilaisia tavaroita ja palveluja. Tämä rakenne sekä kaikki mitä se sisältää, *luotiin*. Uuden pääoman tuottaminen kasvattaa rakennetta lisäämällä tai parantamalla tuotantokyvykkyyttä; ylläpitoinvestoinnit pidentävät olemassa olevan pääoman käyttökelpoisuutta; ja divestoinnit ja uudelleenkohdentamiset siirtävät pääomaa muiden hyödykkeiden tuotantoon, jolloin rakennetta ja siten talouden tuotantokykyä jalostetaan, mukautetaan ja muutetaan. Yrittäjät toteuttavat näitä toimia, joiden tuloksena pääomarakenteessa tapahtuu jatkuvia muutoksia.

Yrittäjän rooli

Yrittäjät luovat tulevaisuutta. He tekevät tämän luomalla uusia hyödykkeitä tai jalostamalla ja parantamalla tuotantoa. Molemmissa tapauksissa he muuttavat pääomarakennetta joko muuttamalla olemassa olevan pääoman käyttöä tai luomalla uutta pääomaa. Molemmissa tapauksissa tavoitteena on luoda lisäarvoa kuluttajille. Onnistuessaan yrittäjät saavat palkkioksi rahamääräisiä *voittoja*. *Ajalla* ja *riskillä* on kuitenkin tärkeä rooli tässä prosessissa.

Leipuri, joka loi yksinkertaisen uunin kivistä ja kykeni sen avulla valmistamaan uudenlaisia leipiä, on yrittäjä. Yrittäjät kuvittelevat ja panostavat siihen, että he voivat tyydyttää kuluttajien tarpeet paremmin. Tämä tarkoittaa, että he tekevät investointeja asioiden muuttamiseksi ja pyrkivät luomaan enemmän arvoa lisäämällä arvon tuottavuutta. He tuottavat hyödykkeitä, koska he uskovat, että nämä hyödykkeet palvelevat kuluttajia paremmin ja siksi niillä on suuri kysyntä. Tällaisen investoinnin onnistuessa kuluttajat saavat enemmän arvoa matalammilla kustannuksilla, joista osa jää yrittäjille voittoina. Investoinnin epäonnistuessa, eli kun kuluttajat eivät hyväksy yrittäjien tarjoamia hyödykkeitä, investointi menettää arvoaan ja saattaa hävitä kokonaan.

Yrittäjien suurimpana haasteena on se, että tuotantoponnistusten arvo tiedetään vasta kun tuotantoprosessi on päätöksessään. Yrittäjä saa tietää (epä)onnistuneesta investoinnistaan vasta, kun valmis tavara on myynnissä – siis haluavatko kuluttajat yrittäjän tarjoamia hyödykkeitä vai eivät. Sitä vastoin kustannukset ovat tiedossa ja ne ovat toteutuneet jo kauan ennen kuin hyödyke on valmis ja sitä tarjotaan myyntiin. Huomattakoon, että nämä kustannukset eivät ole vain tuotantopanoksia, kuten jauhoja, hiivaa ja vettä, jotka muutetaan tuotantoprosessin aikana valmiiksi leiväksi, vaan myös tarvittava pääoma: uuni, leipomo ja niin edelleen. Jopa niissä tapauksissa, joissa yrittäjä ottaa vastaan tilauksia ja saa maksun ennen varsinaisen hyödykkeen tuottamista ja toimittamista, osa kustannuksista ehtii syntyä osana vielä tuottamatonta hyödykettä. Näihin kustannuksiin kuuluvat esimerkiksi yrityksen perustaminen, pääomalla kokeilu, uunin rakentamisen valmistelut, reseptin tai suunnitelman kehittäminen tuotantoa varten ja niin edelleen. Investointeja on tehtävä, jotta voidaan tuottaa hyödykkeitä, jotka voidaan sitten lopulta myydä.

Tätä ongelmaa kutsutaan usein *epävarmuuden kantamiseksi*. Yrittäjyys on taloudellista toimintaa, jossa kannetaan epävarmuus, joka liittyy tulevien hyödykkeiden luomiseen: tuotanto ilman tietoa siitä, onko se arvoa luovaa ja kannattavaa vai arvoa vähentävää (tai jopa tuhoavaa) ja tappiollista. Tuotantoon ryhtyminen ja yrittäjäinvestointeihin liittyvän epävarmuuden kantaminen on perusteltua voittopotentiaalin vuoksi. Tappioiden mahdollisuus hillitsee näitä pyrkimyksiä ja pakottaa yrittäjät vastaamaan kuluttajien tarpeisiin. Yrittäjien on reagoitava, koska kuluttajat ovat omaehtoisia valinnoissaan ostaa ja käyttää hyödykkeitä, mikä tarkoittaa, että vain kuluttajat määrittelevät hyödykkeiden arvon.

Minkään hyödykkeen arvoa ei tunneta – *eikä sitä edes* voi tietää – ennen kuin sitä käytetään, joten yrittäjät investoivat tuotantoon sen perusteella, mitä he kuvittelevat kuluttajien haluavan ja arvostavan. Leipuri rakensi uunin, koska hän kuvitteli, että uudenlaiset leivät palvelisivat kuluttajia paremmin. Korkeampi odotettu arvo oikeutti uunin kehittelyn ja rakentamisen kustannukset. Leipuri muutti näillä toimillaan sitä, mitä taloudessa tuotetaan ja voidaan tuottaa. Yrittäjien toimet ohjaavat kokonaistuotantoa jalostamalla ja mukauttamalla talouden pääomarakennetta. Yrittäjyys *ohjaa* markkinaprosessia luomalla tuotantokykyä ja määrittelemällä, mitä hyödykkeitä voidaan tuottaa ja tullaan tuottamaan. Kaikki tuotetut ja saatavillamme olevat hyödykkeet, olivatpa ne lopulta menestyksekkäitä ja kannattavia tai eivät, ovat yrittäjien epävarmuuden kantamisen tuloksia.

Yksittäiset yrittäjät eivät kuitenkaan ole mukana mukauttamassa pääomarakennetta yleisen tehokkuuden tai yhteiskunnallisen hyvän saavuttamiseksi, vaikka tämä on heidän ponnistelujensa tulos ja seuraus. Yrittäjät investoivat tiettyihin tuotantokyvykkyyksiin tavoitellessaan voittoa. On kuitenkin hyvin vaikeaa tarkoin ymmärtää, mitä kuluttajat pitävät milloinkin arvokkaana, mikä tarkoittaa, että yrittäjyys on täynnä epäonnea ja epäonnistumisia. Yrittäjien tehtävä vaikeutuu entisestään markkinoilla, jolloin ei riitä, että he tuottavat jotakin arvokasta, vaan yrittäjien on lisäksi päihitettävä toisensa arvossa mitattuna. Yrittäjät kilpailevat palvellakseen kuluttajia parhaalla mahdollisella tavalla.

Yrittäjät tekevät virheitä

Tulevaisuutta on hyvin vaikea ennustaa, mutta yrittäjät pyrkivät tekemään juuri näin: he investoivat tulevaisuuden luomiseen siinä toivossa, että kuluttajat pitäisivät sitä arvokkaana. Ja he tekevät näin kilpaillessaan muiden yrittäjien visioiden kanssa. Ei siis liene yllätys, että epäonnistumisia on paljon.

Tämä saattaa vaikuttaa tehottomalta tai tuhlaavalta, mutta sitä se ei ole. Se olisi tuhlaamista, *jos tiedettäisiin, mitä kuluttajat arvostavat,* sillä kun tulevaisuus tiedetään, tuotantoa voidaan helposti virtaviivaistaa ja tehostaa. Yrittäjyys ratkaisee kuitenkin toisen ongelman. Arvo on kuluttajien mielissä – sitä ei tiedetä etukäteen, mutta kuluttajat kokevat sen, kun he käyttävät tavaroita ja palveluita tarpeidensa tyydyttämiseen.

Hyvin usein kuluttajat eivät itsekään tiedä, miten heidän tarpeensa voitaisiin parhaiten tyydyttää. Sen sijaan yrittäjät ideoivat tuotteita ja palveluita, joiden he uskovat oman kekseliäisyytensä, kokemuksensa ja ymmärryksensä perusteella palvelevan parhaiten kuluttajia. Yrittäjien on oltava ainakin askeleen kuluttajia edellä ja esiteltävä heille arvokas ratkaisu, jota kuluttajat eivät ehkä ole itsekään ajatelleet, tarjotakseen heille enemmän arvoa kuin jo tarjolla olevat hyödykkeet ja saadakseen siten mahdollisuuden ansaita voittoa. "Jos olisin kysynyt ihmisiltä, mitä he haluavat, he olisivat toivoneet nopeampia hevosia", kuten teollisuuspamppu Henry Fordin väitetään sanoneen.[2] Useimmat ihmiset luultavasti ajattelivat haluavansa vain nopeampia hevosia, mutta Ford kuvitteli, että hevosettomat ajoneuvot tarjoaisivat kuluttajille enemmän arvoa, ja hän kykeni tarjoamaan kuluttajille autoja hinnalla, jonka kuluttajat olivat valmiita maksamaan.

Tosiasia on, että kuluttajat, riippumatta siitä, osaavatko he sanoa mitä hyödykkeitä he haluavat, valitsevat aina heille tarjottujen hyödykkeiden väliltä. Tällä tavoin kuluttajat ovat omalakisia: yrittäjät eivät voi pakottaa kuluttajia ostamaan mitään. Tuottajat voivat vain tuottaa hyödykkeitä, joita kuluttajat arvostavat ja siksi kuluttajat valitsevat ostaa niitä.

Kuluttajien laskutoimitukset ovat yksinkertaisia, mutta yrittäjien on vaikea ennakoida ja täyttää niitä. Ensinnäkin hyödykkeen on tarjottava arvoa tyydyttämällä jokin kuluttajan halu. Jos yrittäjän tarjoamalla hyödykkeellä ei ole arvoa kuluttajalle, se ei ole hyödyke.

Toiseksi hyödykkeen on tarjottava parempi ja arvokkaampi keino tyydyttää jokin tarve kuin muut hyödykkeet, jotka ovat keino sa-

---

[2] Tätä lainausta toistetaan usein, ja siinä on tärkeä opetus yrittäjyydestä ja tuotannosta, mutta on epävarmaa, sanoiko Ford todella jotain tällaista.

man tarpeen tyydyttämiseksi. Jos näin ei ole, hyödyke on tehoton ja arvoltaan vähäisempi kyseisen tarpeen tyydyttämiseksi. Näin ollen yrittäjän on tarjottava hyödykettä kuluttajille edullisemmin, jotta se olisi kuluttajan kannalta kannattava ja hyödyllinen.

Kolmanneksi hyödykkeen on tarjottava arvoa, joka ylittää muiden tarpeiden tyydyttämiseen tarkoitettujen hyödykkeiden arvon. Yrittäjät kilpailevat kuluttajien rahoista.

Neljänneksi hyödykkeen on tarjottava tarpeeksi arvoa, jotta kuluttaja ostaa sen nyt sen sijaan, että hän pitäisi rahansa ja ostaisi jotain muuta tulevaisuudessa.

Yrittäjän on tarjottava arvoa *kaikkien* näiden kuluttajien arvostuskerrosten mukaisesti.

On sanomattakin selvää, että yrittäjät haluavat saavuttaa jotain äärimmäisen vaikeaa. He tekevät niin, koska he uskovat hyötyvänsä tästä kaikesta lopulta jollakin tavalla. Mutta riippumatta siitä, onnistuvatko he vai eivät, heidän pyrkimyksensä luoda arvoa tarjoavat ratkaisevan tärkeän palvelun muille yrittäjille ja koko taloudelle (käsittelemme talouslaskentaa seitsemännessä luvussa). Yrittäjien kilpaillessa oman tietämyksensä ja mielikuviensa varassa – siis miten he voisivat parhaiten palvella kuluttajia – he luovat tietoa koko taloutta varten. Yrittäjien löydökset siitä, mitä kuluttajat arvostavat, ja voittojen avulla tunnistetut löydökset ohjaavat uusia yrittäjiä heidän pyrkimyksissään. Sama pätee tappioihin, sillä ne ovat muille yrittäjille syy uskoa, että heidän pitäisi kokeilla jotain muuta. Näin ollen jokaisessa yrittäjien toimessa voidaan hyödyntää aiempien yrittäjien tietoja ja kokemuksia. Tämä tekee yrittäjyyden arvontuotannosta kumulatiivista: onnistumiset lisääntyvät ja niistä tulee ponnahduslautoja tulevalle tuotannolle; virheet karsitaan pois.

Olisi kuitenkin väärin väheksyä epäonnistuneita yrittäjiä. Yrittäjät tarjoavat taloudelle korvaamattoman arvokasta palvelua, vaikka he epäonnistuisivat ja kärsisivät tappioita, koska he tarjoavat toiminnallaan informaatiota siitä, mikä ei toimi. Tämä on arvokasta informaatiota kaikille muille yrittäjille. Yrittäjien investoimat resurssit – pääoma – vapautuvat muiden yrittäjien käyttöön yrittäjien epäonnistuessa, ja tällöin uudet yrittäjät kykenevät kasvattamaan omaa tuotantoaan tai kokeilemaan jotain uutta.

Yhteenvetona voidaan todeta, että *yrittäjät palvelevat kuluttajia luomalla tulevaisuuttamme.* He tekevät tätä kokeilemalla ideoita uusista, kuvitelluista hyödykkeistä ja maksamalla niiden oletetun arvontuoton perusteella palkkaa työntekijöille ja kehittämällä uutta pääomaa. Yrittäjät kärsivät henkilökohtaisesti investointiensa menetyksestä, jos he epäonnistuvat yrityksissään. Tämä tappio on heidän tuotantoon tekemiensä investointien kokonaisuus: työntekijöille maksetut palkat ja pääoman tarjoajille maksetut hinnat.

6

Arvo, raha ja hinta

Tähän mennessä olemme tarkastelleet taloutta yksinomaan *arvon* näkökulmasta. Arvo on toimintamme perimmäinen päämäärä ja se, mikä saa meidät toimimaan. Se on henkilökohtaista ja *subjektiivista*, mikä tarkoittaa, että se syntyy halun tyydyttämisestä. Jos meillä on nälkä, syömme ruokaa; jos tunnemme olomme yksinäiseksi, saatamme kaivata ystäviemme seuraa.

Arvo on jonkin epämukavuuden (esimerkiksi nälän tai yksinäisyyden) poistamista tai täyttämistä, mikä saa meidät voimaan paremmin. Voimme verrata tyydytyksiä esimerkiksi siten, että pidämme appelsiineista enemmän kuin omenoista ja pidämme päärynöistä enemmän kuin appelsiineista tai omenoista. Yksinkertaiset arvovertailut omien henkilökohtaisten tyydytystemme suhteen ovat ongelmattomia. Jos meillä on samaan aikaan nälkä ja jano, voimme nopeasti päättää, kumman epämukavuuden poistamme ensin pohtimalla, kuinka kiireellisesti toinen niistä on poistettava ja millainen olo meillä on. Mutta vaikka voimme tehdä omakohtaista vertailua ja päättää, kumman tyydyttäminen olisi tärkeämpää, ei ole olemassa mitään arvon *yksikköä*.

Arvon mittaamisen ongelma

Emme voi mitata sitä, missä määrin poistimme tuntemamme epämukavuuden tai tyytymättömyyden tietyn toimen avulla. Tämän luoma tyytyväisyys on kokemamme tunne, jolla ei ole yksikköä tai tarkkaa mittaria. Emme voi sanoa, että pidämme appelsiineista 2,5 kertaa enemmän kuin omenoista ja päärynöistä 1,3 kertaa enemmän kuin appelsiineista.

Emme voi vertailla eri ihmisten subjektiivisia arvostuksia, koska heidän kokemansa tyydytykset ovat henkilökohtaisia. On järjetöntä sanoa, että Matti pitää päärynöistä 20 prosenttia enemmän kuin Pekka päärynöistä. Ehkä Tuomas huudahtaa pitävänsä päärynöistä "paljon", kun taas Matti ei välitä niistä lainkaan. Jos he todella ajattelevat näin, Pekka voisi tarjoutua antamaan päärynänsä Tuomakselle. Mutta tämä *ei* silti ole mitta sille, kuinka paljon heistä kumpikin arvostaa päärynöitä, eikä se ole myöskään vertailu, jossa käytettäisiin jotain universaalia tyytyväisyyden yksikköä. Pekka arvostaa päärynän antamista Tuomakselle, ehkä hän pitää Tuomaksesta ja hän tietää, että Tuomas pitää päärynöistä. Mutta se ei kerro meille mitään siitä, *kuinka paljon* Pekka – tai Tuomas – arvostaa päärynän pitämistä itsellään tai sen antamista pois.

Mittaamisen puute tekee arvosta ongelmallisen sosiaalisessa ympäristössä – erityisesti kehittyneissä talouksissa, joissa on pitkiä, erikoistuneita tuotantoprosesseja (joita käsittelemme tarkemmin seitsemännessä luvussa). Miten toimimme niukkojen resurssien kohdalla taloudellisesti siten, että saamme niistä mahdollisimman paljon arvoa?

Kuvitellaanpa esimerkiksi 150 ihmisen muodostama yhteiskunta, jossa vettä riittää 45 ihmisen janon sammuttamiseksi ja ruokaa puolestaan 30 ihmiselle. Miten määritetään, ketkä 45 ovat "kaikkein janoisimpia" ja ketkä 35 ovat puolestaan "kaikkein nälkäisimpiä"?[1]

Tämä yhteiskunta voisi päättää käyttää veden ja ruoan tuotantoinvestointeihin, joiden avulla se voisi luoda vielä enemmän arvoa. Kymmenen ihmistä voisi hakea lisää vettä ja ruokaa, ja tuoda sitä muille, jos kymmenen ihmistä saa vettä ja ruokaa kolmeksi päiväksi. Pitäisikö tämän yhteiskunnan tehdä tällainen investointi? Pitäisikö sen lähettää yksi 10 hengen ryhmä vai kaksi viiden hengen ryhmää eri suuntiin etsimään vettä ja ruokaa? Keiden pitäisi lähteä hakumatkalle? Keille jäljelle jäävistä pitäisi saada vettä ja ruokaa? Tällaiset vertailut edellyttävät jonkinlaista arvon mittaria, mutta koska arvo on henkilökohtainen kokemus, tällaista mittaria ei ole olemassa. Tähän taloudellisuuden ongelmaan ei ole ratkaisua.

Markkinat ratkaisevat tämän pulman käyttämällä rahaa ja hintoja, jotka tarjoavat osapuolille objektiivisesti ilmeneviä sosiaalisesti rakentuneita suhteellisia arvostuksia (tästä lisää jäljempänä). Näin ne mahdollistavat hintojen vertailun rahassa ja taloudellisen toiminnan arvostettujen hyödykkeiden suhteen. Mikäli päärynät maksavat 1,3 kertaa enemmän kuin appelsiinit, voimme helposti päättää, miten käytämme ostovoimaamme saadaksemme mahdollisimman paljon tyydytystä: ostammeko päärynöitä, appelsiineja tai jonkin yhdistelmän molempia hedelmiä. Voimme tehdä tällaisia vertailuja sekä yksin että yhdessä. Raha ja hinnat ovat taloudelle välttämättömiä, kuten tulemme huomaamaan. Markkinatalous ei tule toimeen ilman niitä.

[1] Muodollisen tarkkuuden nimissä meidän pitäisi kysyä, kuka kokisi suurimman tyydytyksen juomisesta tai syömisestä (janon ja nälän aiheuttaman epämukavuuden poistamisesta).

Rahan käyttö

Meillä on tapana pitää sekä rahaa että hintoja itsestäänselvyyksinä. Ne ovat niin yleisiä, että useimmat pitävät rahaa arvon mittarina. He jopa ajattelevat itse arvoa rahana. Tämä on virhekäsitys.

Raha on *yleisesti käytetty vaihdannan väline*, ja sillä on meille arvoa, koska se hoitaa tätä tehtävää. Arvostamme rahaa kuten muitakin hyödykkeitä sen vuoksi, mitä voimme sen avulla saavuttaa. Mutta itse setelit ja kolikot eivät anna meille arvoa, vaan odotus siitä, että voimme ostaa niillä haluamiamme asioita. Tämä tarkoittaa, että raha toimii, koska tunnustamme sen sellaiseksi ja siksi hyväksymme sen vaihdossa. Rahalla on *ostovoimaa*. Uskomus siitä, että rahalla voi ostaa hyödykkeitä, tekee siitä arvokasta. Jos uskoisimme, ettemme voisi käyttää rahaa hyödykkeiden ostamiseen – ehkäpä uskoisimme, etteivät muut hyväksyisi sitä – emme mekään hyväksyisi sitä vaihdossa.

Tämä tarkoittaa, että raha on rahaa, koska ihmiset pitävät sitä rahana. Tässä mielessä raha on pitkälti itseään vahvistava sosiaalinen instituutio. Meillä kaikilla on kokemusta rahan käytöstä, ja siksi meillä on jonkinlainen käsitys siitä, mitä tarkoittaa, että jokin on rahaa. Tämä ei kuitenkaan selitä, mitä raha on, miksi se on olemassa tai miten se on syntynyt.

Mieti hetki sitä, mikä saisi sinut hyväksymään jonkin asian rahaksi. Tai pohdi oikeastaan tarkemmin ottaen tätä: mikä saisi yhteiskunnan, joka ei käytä rahaa, hyväksymään jonkin asian rahaksi. Koska rahan arvo perustuu siihen, että muut hyväksyvät sen vaihdannassa, mikään, mikä pyrkii olemaan rahaa, ei alun alkaenkaan ollut arvokasta rahana. Vasta sen jälkeen, kun jokin asia on laajalti hyväksytty vaihdossa, se tunnustetaan rahaksi – mutta ei ennen sitä.

Tämä saa monet uskottelemaan, että raha on pitänyt määrätä ylhäältä alaspäin käskyllä tai pakolla, jotta sitä käytettäisiin vaihdannassa. Ajatuksena on, että joku hallitsija keksi rahan käsitteen ja otti sen käyttöön helpottaakseen kaupankäyntiä (tai ehkä verotuksen täytäntöönpanoa). Mutta tämä "selitys" ei selitä mitään: jos jokin asia ei ole jo rahaa, ihmiset eivät vapaaehtoisesti hyväksy sitä vaihdossa (rahana). Sillä ei siis ole arvoa tai sillä on vain vähän arvoa ennen kuin sitä pidetään rahana.

Asetukset tai määräykset eivät luo rahaa – ne luo vain velvoitteen, jota rajoittaa sen täytäntöönpanon ja valvonnan laajuus. On kuitenkin täysin mahdollista, että valtiovalta voi vähitellen ottaa haltuunsa ja monopolisoida jo olemassa olevan rahan. Tämä on jo tapahtunut. Useimmat nykyiset valuutat ovat valtion monopolirahaa, mutta rahaa ei keksitty tai hyväksytty vaihdon välineeksi tällä tavoin – tähän me vain päädyimme. Rahan *taloudellista funktiota* ei kukaan kykene yksinkertaisesti luomaan ylhäältä alaspäin.

Ihmiset haluavat vaihtaa hyödykkeitä hyötyäkseen tästä, mikä tarkoittaa, että vapaaehtoisen vaihdannan on hyödytettävä vaihdon molempia osapuolia. Molemmat odottavat päätyvänsä "voitolle", sillä muutenhan heillä ei olisi mitään syytä vaihtaa. Velvoite hyväksyä jotakin, joka ei ole heille suoraan arvokasta – kuten määrätty valuutta, jota ei vielä hyväksytä rahaksi – vähentäisi ihmisten halukkuutta käydä kauppaa. Mikäli sinun olisi pakko hyväksyä kiviä "maksuna" omaisuudestasi, et luultavasti tarjoaisi omaisuuttasi myyntiin. Et vaihtaisi autoasi tai taloasi tonniin kiviä vaihdossa. Miksi vaihtaisit arvokkaan hyödykkeen johonkin, mitä et todellisuudessa halua tai tarvitse? Mikäli sinua vaadittaisiin maksamaan verosi kivissä, niin rajoittaisit kivien vaihtamisen mitä todennäköisimmin yksinomaan veronmaksuvelvollisuutesi täyttämiseksi, mutta et haluaisi pitää kiviä yhtään sen enempää kuin on välttämätöntä. Markkinat, joilla hyödykkeitä vaihdettaisiin kiviin, olisivat hyvin rajalliset.

Tällaista vaihdantaa tapahtuisi vapaaehtoisesti vain, jos tarjottu maksu olisi todellista rahaa. Yhteiskunnassa, jossa ei ole rahaa, ihmisiltä puuttuu luottamus rahan ostovoimaan – he eivät luota rahan ostovoimaan, mutta he eivät myöskään ymmärrä itse rahan käsitettä. Kuvittele, että tarjoaisit kivikauden ihmiselle euroseteleitä tai kultakolikoita vastineeksi kirveestä tai ruuasta.

Rahan ilmaantuminen

Raha on taloudellinen käsite. Eurosetelit eivät itsessään ole rahaa, mutta raha voi olla olemassa euroseteleinä. Nämä setelit ovat rahaa vain siksi ja niin kauan kuin ne hyväksytään rahaksi. Tämä käy selväksi, kun tarkastelemme muita maita; se mikä on yhdessä maassa rahaa, ei välttämättä ole hyväksyttyä rahaa toisessa maassa. Ruotsin kruunuilla ei voi maksaa Suomessa tai Tanskassa, vaikka Ruotsissa kaikki hyväksyvät Ruotsin kruunun rahana.

Tiedämme hyvin vähän rahan historiallisesta alkuperästä, mutta käsite on selvä. Taloustieteilijä Carl Menger osoitti, miten vaihdantatalous voi muuttua rahataloudeksi.[2] Mengerin selitys ei edellytä minkäänlaista keskussuunnittelijaa tai käskyttäjää – raha *ilmaantuu itsestään*. Tämä on tärkeää, koska selitys tarjoaa ymmärrystä rahan merkityksestä ja roolista *taloudellisena käsitteenä*.

Vaihdantataloudessa ihmiset vaihtavat hyödykkeitä hyödykkeisiin. Tällaisessa taloudessa on ilmeisiä rajoituksia, koska jokainen vaihtotapahtuma edellyttää, että molemmat osapuolet saavat haluamansa määrän (ja laadun) hyödykettä oikeassa paikassa oikeaan aikaan ilman, että käytetään mitään, mitä kutsumme rahaksi.

[2] Carl Menger, "On the Origin of Money" (Rahan synnystä), kääntänyt Caroline A. F. Rhys Foley, Economic Journal 2(6) (kesäkuu 1892): 239-55.

Toisin sanoen ihmisen, joka tarjoaa kananmunia myyntiin ja haluaa ostaa voita, on löydettävä joku, joka myy voita ja haluaa kananmunia vaihdossa. Tämä rajoittaa huomattavasti mahdollisten kauppakumppanien määrää.

Hyödykkeet eroavat toisistaan kestävyydeltään ja kooltaan, joten vaihdantataloudet eivät voineet kehittyä tuottaviksi työnjakoon perustuviksi talouksiksi. Ajatellaanpa vaikkapa veneenrakentajaa, joka haluaa myydä juuri valmistamansa soutuveneen. Hän haluaisi kananmunia, mutta hän tuskin haluaisi vaihdossa tuhansia kananmunia. Kananmunat pilaantuisivat ja niistä tulisi käyttökelvottomia lyhyessä ajassa. Hänen on siis löydettävä joku, joka tarjoaa juuri sellaista hyödykepakettia, jonka hän haluaa ja on valmis myymään vaihdossa veneeseen. Osapuolten on sovittava myös hinnoista: Kuinka monta kananmunaa veneestä?

Ihmiset vaihtavat hyödykkeitä parantaakseen asemaansa, eli he vaihtavat *arvoa*. Menger huomautti, että ihmiset etsivät mitä tahansa keinoja kiertääkseen vaihdantatalouden rajoitukset. Jos maidontuottaja ei ole halukas hyväksymään kananmunia vaihtokaupassa, mutta tiedän hänen hyväksyvän leipää, voin yrittää lähestyä leipuria vaihtaakseni kananmunani ensin leipään – ja jos leipuri suostuu vaihtoon, voin vaihtaa leivän voiksi. Toisin sanoen en vaihda kananmunia leipään siksi, että haluan leipää, vaan siksi, että haluan käyttää leipää saadakseni voita. Ensimmäinen vaihdanta helpottaa toista tulevaa vaihtoa, josta hyödyn suoraan.

Jos haluaisin esimerkiksi marjoja, minun olisi käytävä läpi sama prosessi, mikäli marjoja tarjoava henkilö ei halua kananmunia-ni, vaan hyväksyisi vaihdossa jotain muuta. Myisin kananmunani saadakseni jotain muuta, jotta voisin vaihtaa sen haluamiini marjoihin. Vaikka kananmunat toimivat joissakin tapauksissa, ne eivät toimi kaikissa. Mitäpä jos jotkut hyväksyisivät aina tiettyä samanlaatuista hyödykettä vaihdossa leipään. Tämän tietäen voisin vaihtaa kananmunani leipään yksinkertaisesti siksi, että uskon leivän olevan hyödyllisempi seuraavassa vaihdossa. Mengerin sanoin ilmaistuna myyn kananmuniani hankkiakseni *paremmin myytävissä olevan hyödykkeen*, jonka ainoa tehtävä on käyttää sitä vaihdannassa; minun kannaltani se palvelee vain välillistä tarkoitusta, joka on varsinaisen vaihdannan helpottaminen. Näin ollen minun on järkevää hankkia leipää, vaikka en pitäisi leivästä – tai vaikka vihaisin leipää.

Ihmisten vaihtaessa tuotteitaan paremmin myyviin hyödykkeisiin, paremmin myytävistä hyödykkeistä tulee entistä halutumpia, *koska niillä voidaan ostaa monia hyödykkeitä*. Ja kun yhä useammat ihmiset huomaavat, miten hyödyllisiä nämä hyödykkeet ovat vaihdon helpottajina, yhä useammat ihmiset myyvät omia hyödykkeitään (minä kananmuniani, maidontuottaja voitaan jne.) näihin paremmin myytävissä oleviin hyödykkeisiin. Lopulta ihmisten toimista, mutta ei heidän suunnittelemanaan, yhdestä tai muutamasta hyödykkeestä tulee yleisesti käytetty vaihdon väline – raha. Niitä arvostetaan ensisijaisesti vaihdannan välineinä, ei siksi, että ne ovat hyödykkeitä sinänsä.

Rahan merkitys

Rahataloudessa käytämme rahaa hyödykkeiden maksamiseen ja voimme helposti vertailla hintoja, koska ne ilmaistaan samassa yksikössä eli valuutassa. Hinnat ovat todellisuudessa vaihtosuhteita, kuten olemme aiemmissa luvuissa jo todenneet. Raha toimii välikappaleena, joka helpottaa kaupankäyntiä ja siirtää meidät vaihdantatalouden rajoitusten tuolle puolen.

Rahan olemassaolo irrottaa ihmisten harjoittaman kaupankäynnin hyödykkeistä sinänsä. Se tekee tavaroiden vaihtoarvosta universaalin ostovoiman. Toisin sanoen voin myydä tavaroitani tai palveluitani yhdelle ihmiselle, mutta käyttää vastineeksi saamaani ostovoimaa (rahana) ostaakseni tavaroita tai palveluita toiselta ihmiseltä. Tämä vaikuttaa itsestään selvältä, koska olemme tottuneet siihen. Seuraukset ovat kuitenkin järisyttävät.

Vaihdantataloudessa työllistyminen olisi mahdollista vain silloin, kun työnantaja voi tarjota tiettyjä hyödykkeitä, jotka työntekijä hyväksyy maksuksi työsuoritteestaan. Kuvittele, että työnantajat eivät maksa työstä rahana vaan tietyissä hyödykkeissä: elintarvikkeissa, kodinkoneissa, kirjoissa, vaatteissa, huonekaluissa ja vastaavissa. On helppo huomata, että olisi lähes mahdotonta löytää työnantajaa, joka onnistuisi tarjoamaan halutuimman hyödykekokonaisuuden. Tämä tarkoittaisi käytännössä todennäköisesti sitä, että sinun täytyisi hyväksyä työllistyäksesi nippu hyödykkeitä, jotka ovat kaukana täydellisestä. Voisit tulla toimeen paljon paremmin, jos saisit sen sijaan näiden hyödykkeiden vaihtoarvon – ostovoiman (rahan) – ja voisit käyttää sen haluamiesi hyödykkeiden ostamiseen.

Raha on siis paljon muutakin kuin mukavuutta – se on välttämätöntä, jotta vaihdantaa voi tapahtua ja voimme muodostaa kehittyneitä, erikoistuneita tuotantoprosesseja, joita pidämme itsestäänselvyyksinä nykyaikaisessa talousjärjestelmässä. Laajamittainen tuotanto, toimitusketjut ja erikoistuminen ovat mahdollisia, koska raha kytkee irti pyrkimyksemme ostajina ja myyjinä. Rahan mahdollistavan irtikytkennän ansiosta voimme myös erikoistua siihen, mitä teemme hyvin, emmekä tuottaa vain sitä, mitä itse haluamme milloinkin kuluttaa. Näin ollen voimme keskittää tuotantoponnistelumme sinne, missä saamme aikaan suurimman vaikutuksen ja missä luomme eniten arvoa *yhteiskunnalle*. Ilman rahaa emme olisi läheskään yhtä tuottavia.

Kytkennän purkautuminen tarkoittaa myös sitä, että voimme käyttää saamamme ostovoiman – sen, mitä meille maksetaan tuottamisesta – siihen, mitä pidämme arvokkaimpana. Raha tarjoaa meille mahdollisuudet tavoitella toiveita, jotka eivät olisi koskaan olleet saavutettavissa vaihdantataloudessa. Rahan olemassaolon ja käytön seurauksena ei synny vain huomattavasti parempaa tuotantoa, vaan kykenemme myös kuluttamaan arvokkaampien päämäärien saavuttamiseksi. Raha helpottaa ja lisää mahdollisuuksiamme kuluttaa ja tyydyttää arvokkaimpia halujamme. Ja mitä enemmän arvoa tuotamme, sitä enemmän ostovoimaa saamme vastineeksi ponnisteluistamme.

Rahataloudessa kaikki toimijat voivat tavoitella niitä hyödykkeitä, joita muut arvostavat eniten. Arvoa syntyy isossa kuvassa enemmän. Rahataloudessa on paljon parempi elää ja olla kuin vaihdantataloudessa.

Rahahinnat

Rahan avulla hintoja on helppo vertailla. Sen sijaan, että hinnat ilmaistaisiin vaihtosuhteina, joissa kaikki hyödykkeet "hinnoitellaan" suhteessa kaikkiin muihin hyödykkeisiin, kaikki hinnat ilmaistaan rahassa.

Vaihdantataloudessa se, että ostan leipää kananmunilla ostaakseni voita, edellyttää, että kolme osapuolta määrittelevät vaihtosuhteet. Voin ehkä vaihtaa tusinan kananmunia kolmeen leipurin paistamaan leipään. Tässä kaupassa yhden leivän hinta on neljä kananmunaa ja yhden kananmunan hinta on neljäsosa (3/12) leipää. Voin ostaa kilon voita kahdella leivällä, jolloin voin hinta leivässä on kaksi leipää per kilo ja voin hinta leivälle puoli kiloa per leipä.

Olen osallisena molemmissa liiketapahtumissa ja voin päätellä, että puoli kiloa maksaa ("hinta") neljä kananmunaa. Tämä on yksinkertaistus, koska maidontuottaja ei halua kananmunia vaihdossa. Ongelmana on se, että kaikkien hyödykkeiden hinnat ilmaistaan suhteessa kaikkiin muihin hyödykkeisiin. Jos esimerkiksi maidontuottaja hyväksyisi myös kahdeksan kuppia marjoja puolesta kilosta voita, voin hinta olisi *joko* kaksi leipää *tai* kahdeksan kuppia marjoja. Tällaiset suhdeluvut (hinnat *luontaissuorituksina*) voitaisiin määritellä kaikille hyödykeyhdistelmille missä tahansa mahdollisessa liiketoimessa. Mutta miten voimme vertailla niitä keskenään? Ilman yhteistä nimittäjää nämä "hinnat" ovat kaikki ainutlaatuisia vaihtosuhteita, joita on vaikea selvittää ja ymmärtää.

Oletetaan, että edellä olevassa esimerkissä leipä onnistuu saavuttamaan rahan aseman. Tämä tarkoittaa, että leivästä, joka toimii vaihdannan välineenä, tulee käytännössä jokaisen liiketoimen toinen puoli. Toisin sanoen kaikkien hyödykkeiden hinnat voidaan ilmaista leivän muodossa, koska niillä käydään kauppaa leivän suhteen. Myisin siis kananmunani leipää vastaan ja ostaisin leivällä voita ja marjoja. Leipä on yhteinen nimittäjä, joten voin helposti vertailla hintaa ja ostaa hyödykkeitä, jotka parhaiten tyydyttävät tarpeeni. Leipä on rahaa, joten kaikkien hyödykkeiden myyjä todennäköisesti hyväksyvät sen maksuvälineeksi, koska he haluavat ostovoimaa, eivät itse leipää.

Meidän on helppo vertailla hintoja, mikäli kilo voita maksaa kaksi leipää ja yksi leipä maksaa kaksi kuppia marjoja. Kolmella leivällä, jotka minulle maksettiin kahdestatoista kananmunasta, voin ostaa joko puolitoista kiloa voita, kuusi kuppia marjoja tai jonkin yhdistelmän näitä. Minun on nyt vain määriteltävä, mitä näistä vaihtoehdoista arvostan enemmän. Voin helposti laskea, miten saan eniten arvoa jokaisen leivän osalta.

Tässä rahataloudessa kaikki hyödykkeet hinnoitellaan leivän suhteen, ja leipä hinnoitellaan suhteessa kaikkiin muihin hyödykkeisiin. Leipä on vaihdannan väline, joten voimme sanoa, että leivän ostovoima on puoli kiloa voita, kaksi kuppia marjoja, neljä munaa ja niin edelleen. Nyt kaikkien yhteiskunnan jäsenten on huomattavasti helpompaa määrittää, onko jokin asia "sen arvoista".

Toinen tapa sanoa tämä on, että kahden marjakupillisen ostamisen vaihtoehtoiskustannus leivästä on sen arvo, mitä kaikkea muuta voimme ostaa tuolla leivällä: puoli kiloa voita, neljä kananmunaa ja niin edelleen. Valitsemme selvästi sen käytettävissä olevan hyödykkeen, jonka odotamme tuottavan meille suurimman tyydytyksen. Kaikki pyrkivät tavoittelemaan arvoa (ja rahan ansiosta voimme vertailla hintoja järkevästi), joten toimintamme tuottaa implisiittisen tarjouksen tuotetuista hyödykkeistä. Halukkuutemme ja kykymme ostaa hyödykettä tiettyyn hintaan muodostaa *kysyntämme*.

Korkeimman tarjouksen tehnyt saa hyödykkeen ensimmäisenä, eikä hänen tarvitse jäädä tyhjin käsin tai odottaa uusien hyödykeyksiköiden saapumista. Ne, jotka tarjoavat hyödykkeestä vähemmän rahaa, saavat tavaran tai palvelun myöhemmin, kunnes myyjät eivät enää pidä tarjottua leipää sen arvoisena. Mitä enemmän ihmiset arvostavat hyödykettä, sitä korkeampi sen markkinahinta on. Ja mitä enemmän hyödykettä on myynnissä, sitä matalampi on sen markkinahinta.

Osto- ja myyntipyrkimyksemme eivät liity toisiinsa, joten voimme tuottaa sitä, mistä saamme eniten rahaa vastineeksi. Voimme nyt työskennellä sellaisten asioiden parissa, joissa olemme taitavimpia ja asiantuntevimpia, ja mistä voimme saada suurimman rahamääräisen korvauksen ajastamme ja vaivastamme. Tämä tarkoittaa sitä, että hyödyttääksemme itseämme (korkeampi palkka), päätämme edistää taloutta tavalla, jota kuluttajat arvostavat eniten. Markkinatilanteessa ostovoima, jota meille tarjotaan vastineeksi palveluistamme, on yleensä suhteessa siihen arvoon, jonka tarjoamme markkinoille rahahintoina.

Vapaat markkinat tarjoavat niille eniten ostovoimaa, jotka tuottavat eniten arvoa, mikä puolestaan tarkoittaa, että heillä on myös paremmat mahdollisuudet tyydyttää tarpeensa ostamalla haluamiaan tavaroita ja palveluja. Ostovoima – ja näin ollen myös kulutusvoima – eli se, missä määrin ihmiset pystyvät tyydyttämään halunsa hyödykkeillä – heijastaa näin ollen ihmisten panosta talouteen (tuottajina). Yksinkertaisesti sanottuna se, mitä tarjoamme, muodostaa kysyntämahdollisuutemme.

Fiat-valuutta ja hintainflaatio

Käsittelimme aiemmin rahan *taloudellista käsitettä* hyödykerahana. Historiallisesti ottaen eri yhteiskunnissa eri hyödykkeet olivat rahaa: kivet, simpukat, karja ja niin edelleen. Euroopassa ja muualla kulta ja hopea nousivat yleisiksi, kansainvälisiksi rahoiksi.

Nykyisin käyttämämme paperiraha on kehittynyt jalometallirahoista ja pankkitoiminnasta. Prosessi on seuraavanlainen. Pankit myyvät holvisäilytystä ihmisille, jotta he voisivat säilyttää rahansa turvallisesti. Raha on fungiibelia eli vaihdettavissa päittäin. Ei siis ole väliä, saako pankista takaisin saman hopea- tai kultakolikon, jonka sinne jätti, joten pankit pystyvät säilyttämään kaikkien asiakkaidensa kolikoita samassa holvissa ja myöntää kuitteja siitä, kuinka monta kolikkoa kullakin asiakkaalla on talletettuna. Nämä kuitit on mahdollista lunastaa kolikoiksi, joten ihmiset voivat käyttää niitä suoraan vaihdannassa sen sijaan, että heidän tarvitsisi ensin lunastaa ne kolikoiksi pankissaan. Ne, jotka saavat kuitin vaihdossa, voivat antaa sen pankilleen, joka puolestaan esittää saatavaa edustavan kuitin sen myöntäneelle pankille. Säännöllisin väliajoin pankit tilittävät kaikki saatavansa kuljettamalla nettomäärän kultaa ja hopeaa yhteen suuntaan, jonka ansiosta säästyy aikaa, vaivaa ja kustannuksia.

Tässä käytännössä on yksi haittapuoli: se kannustaa pankkeja laskemaan liikkeelle enemmän kuitteja kuin niiden holvissa on kulloinkin rahaa. Pankit olettavat, että kaikkia kuitteja ei lunasteta samanaikaisesti. Tällä tavoin toimimalla pankeilla voi olla niille kuulumatonta ostovoimaa.

Vapaassa pankkijärjestelmässä tällaiset väärinkäytökset jäisivät todennäköisesti vähäisemmiksi. Pankki voisi myöntää ylimääräisiä "käteiskuitteja" vain niin kauan kuin ne onnistuvat pitämään toimensa salassa ja säilyttämään maineensa talletusasiakkaidensa piirissä.

Mutta heti kun näiden kuittien haltijat eivät olisikaan enää niin varmoja siitä, että heidän pankkinsa varannot olisivat täysimääräisiä tai muutoin turvassa (eli niillä on riittävästi rahaa holveissaan vastaamaan *minun* lunastuspyyntöäni), ihmiset ryhtyisivät lunastamaan kuittejaan kolikoiksi peläten pankin jo olevan tai ainakin ajautuvan maksukyvyttömyyteen. Historia on pullollaan esimerkkejä siitä, miten pankit lokaavat maineensa ja asiakkaat haluavat nostaa varansa nopeasti, mikä aiheuttaa pankkipaon. Jos pankki on laskenut liikkeelle enemmän käteiskuitteja kuin se voi lunastaa niitä kolikoiksi (rahaksi), pankki ajautuu konkurssiin.

Pankin maksukyvyttömyys, joka johtuu liiallisesta paperirahan liikkeeseenlaskusta, voidaan havaita myös tilitettäessä pankkien saatavia. Selvitysyhteisö selvittää pankkien saldot ja laskee, kuinka paljon mitäkin rahaa pitäisi siirtää pankista toiseen tilien tasaamiseksi. Epäsuhta paljastuu maksuja selvitettäessä, jos pankki laskee liikkeelle liikaa paperirahaa. Muilla pankeilla olisi tällöin vaatimuksia tätä pankkia kohtaan, ja ne vaativat sitä toimittamaan kuittien osoittaman määrän niille oikeaa rahaa, jota velallisella ei välttämättä kuitenkaan ole toimittaa juuri sillä ajanhetkellä. Niinpä sekä asiakkaat että kilpailevat pankit voivat huomata liiallisen paperikuittien liikkeeseenlaskun. Kiinnijäämisen riski, joka tarkoittaa konkurssia, on huomattava.

Nykyaikana useimmat rahat ovat kansallisia monopolivaluuttoja, jotka laskee liikkeelle valtion keskuspankki ja tällä rahalla ei ole mitään takausta, toisin kuin aiemman esimerkin kuiteilla oli. Tämä käänne selittyy osittain hallitusten pyrkimyksillä ratkaista pankkipakojen aiheuttamat ongelmat ja osittain valtion pyrkimyksellä hyötyä rahan liikkeeseenlaskusta saatavilla valtapyrkimyksillä. Rahan monopoliasemassa olevana liikkeeseenlaskijana valtio tai keskuspankki voi hankkia itselleen ostovoimaa kenenkään huomaamatta suoraan, ilman välittömiä kustannuksia.

Rahan ostovoima ilmaistaan kuitenkin rahan ja tarjolla olevien hyödykkeiden välisinä suhteina, kuten edellä huomattiin. Hinnat nousevat korkeammiksi kuin ne muuten olisivat, kun uudella rahalla ostetaan hyödykkeitä markkinoilta, koska liikkeellä on nyt enemmän rahaa kuin aiemmin. Hinnat nousevat yleisesti, mutta eivät tasaisesti uuden rahan saapuessa markkinoille. Tämä on hintainflaatiota.

Fiat-valuutta, joka on luotu hallituksen lakiin perustuvalla rahan monopoliasemalla, on yleensä inflaatiota kiihdyttävä vaikutus. Hallituksen on helpompi hankkia itselleen ostovoimaa taianomaisen rahakoneen avulla kuin verottamalla ihmisiä. Seurauksena on kuitenkin se, että rahan ostovoima laskee, mikä tekee ihmisistä suhteellisesti köyhempiä ja vääristää pääomarakennetta (kuten kolmannessa luvussa todettiin). Tämäntyyppinen rahan aiheuttama vääristymä aiheuttaa tuhoa taloudessa, kuten seuraavassa luvussa nähdään, ja johtaa lopulta nousu- ja laskusuhdanteiden kiertoon (jota käsitellään tarkemmin kahdeksannessa luvussa).

7

Talouslaskenta

Kuten edellisessä luvussa esitettiin, raha mahdollistaa monet vaihdot, jotka ovat epäkäytännöllisiä tai mahdottomia vaihdantataloudessa. Rahan ansiosta voimme paremmin. Rahalla on kuitenkin merkittävämpiä vaikutuksia, jotka usein jätetään huomioimatta tai ymmärretään väärin. Tärkein niistä on *talouslaskenta*, joka on prosessi, jossa määritellään, miten niukkoja resursseja tulisi käyttää mahdollisimman arvokkaiden tulosten saavuttamiseksi. Talouslaskenta on kaikkien talouksien ytimessä.

Voimme hyödyntää teknologista tietoa maksimoidaksemme tuotantoprosessin tulokset. Kun tarkastellaan panoksia ja tuotoksia, voimme hylätä ne panokset, jotka eivät sovellu kyseiseen tuotantotyyppiin. Mutta se, mitä tuotantopanoksia käytetään, mihin tuotantoprosessiin ryhdytään, mitkä tuotantoteknologiat tuottavat paremman (arvokkaamman) lopputuloksen ja mihin lopputuloksiin pyritään, ovat pohjimmiltaan taloudellisia päätöksiä.

Teknologinen tietämys voi toki paljastaa meille, että kulta on liian pehmeää rautatiekiskojen valmistusmateriaalina. Mutta teknologia ei itsessään voi kertoa meille, mitä kovempaa metallia olisi parasta ja arvokkainta käyttää: rautaa, terästä vai platinaa? Vastaus edellyttää, että tiedämme, mihin muuhun käyttötarkoituksiin näitä metalleja voidaan käyttää, kuinka arvokkaita nämä käyttötarkoitukset kulloinkin ovat ja kuinka paljon kutakin metallia on tarjolla. Teknologinen tieto ei myöskään voi kertoa, milloin, miten tai pitäisikö rautatietä rakentaa lainkaan. Mihin rautatie pitäisi rakentaa? Pitäisikö sitä ylipäätään rakentaa vai pitäisikö resurssit käyttää jonkin muun infrastruktuurin rakentamiseen – tai pitäisikö resursseja ohjata johonkin aivan muuhun? Nämä kaikki ovat taloudellisia kysymyksiä, jotka perustuvat laskelmiin suhteellisesta *arvon* tuotannosta.

Metalli, joka ei itsessään olekaan teknologisesti täydellisin, voi itse asiassa olla paras valinta, vaikka se tarkoittaisikin jatkuvia rautatien huoltotoimia. Teknologisesti paras ratkaisu tarjoaa hyvin vähän tai ei lainkaan tietoa tuotantokustannusten arvontuotosta. Ilman talouslaskentaa talous ei kykene toimimaan taloudellisesti niukkojen resurssien tapauksessa.

Raha helpottaa talouslaskentaa, joka on markkinatalouden keskeisin mekanismi, olemalla yhteinen yksikkö. Toisin sanoen raha mahdollistaa *rahalaskennan* (rahamääräisesti tapahtuvan laskelmoinnin).

Tuottavan talouden luonne

Taloustieteilijät ovat jo pitkään tienneet, että tuottavuus liittyy läheisesti erikoistumiseen. Totesimme viidennessä luvussa, että pääoma lisää tuottavuutta, ja pääoma tekee työvoimasta tuottavampaa. Saamme työpanoksesta enemmän irti, jos käytämme tehtävään soveltuvia työkaluja, koneita ja laitteita. Markkinavaihdanta tekee työstä tuottavampaa myös siksi, että ihmiset voivat keskittyä tuottamaan asioita, jotka luovat eniten arvoa riippumatta siitä, arvostavatko tai käyttävätkö he niitä henkilökohtaisesti. Sen sijaan, että ihmiset olisivat omavaraisia ja tuottaisivat kaiken jokapäiväisessä elämässään tarvitsemansa itse, markkinat tarjoavat heille mahdollisuuden kehittää ainutlaatuisia kykyjään ja hyödyntää mittakaavaetuja – sitä, miten keskimääräiset kustannukset laskevat tuotantomäärien kasvaessa – ja kasvattaa yleistä arvontuotantoa.

Erikoistumisella eli ajan ja ponnistelujen keskittämisellä suppeampaan joukkoon tuottavia toimintoja on kaksi päävaikutusta.

Ensinnäkin erikoistuessamme meistä tulee parempia tiettyjen tuotannollisten toimintojen tekemisessä. Adam Smith totesi, että erikoistuminen tekee meistä moninkertaisesti tehokkaampia ja tuottavampia, koska (1) säästämme aikaa keskittymällä yhteen tehtävään, (2) kehitymme ja olemme parempia ja ammattitaitoisempia ja (3) kykenemme selvittämään, miten yksinkertaisia koneita käytetään tai kehittämään uusia työkaluja ollaksemme entistäkin tehokkaampia.

Smith havainnollisti tätä "työnjakoa" nuppineulatehtaan esimerkillä kirjassaan *Kansojen varallisuus*. Smithin mukaan nuppineulan valmistamisessa tarvitaan kahdeksantoista eri työvaihetta. Smithin esimerkissä "työmies – – pystyisi mahdollisesti, tehokkuutensa äärimmilleen ponnistaen, saamaan aikaan ehkä vain yhden neulan päivässä, eikä varmasti enempää kuin kahtakymmentä." Mutta kymmenen tiettyihin tehtäviin erikoistunutta työmiestä "pystyivät siis yhteisvoimin tekemään runsaat neljäkymmentäkahdeksantuhatta nuppineulaa päivässä".[1] Tämä on valtava ero – erikoistuminen lisää työn tuotosta vähintään *48000-kertaisesti*.

[1]Suom. huom. – Lainaukset ovat peräisin Jaakko Kankaanpään uudesta suomenkielisestä laitoksesta Kansojen varallisuus: Tutkimus sen luonteesta ja syistä (2015).

Ero ei ole työkaluissa tai toiminnoissa, jotka ovat samanlaisia molemmissa tapauksissa, vaan tuotantoprosessin paremmassa järjestelyssä. Tai sitten erikoistuminen tarjoaa työntekijöille mahdollisuuden huomattavasti aiempaa suurempaan tuottavuuteen.

Toiseksi erikoistuessamme – ja *koska* erikoistumme – olemme huomattavasti aiempaa riippuvaisempia muista, jotka suorittavat omaa osuuttaan tuotantoprosessista, ja samalla muut ovat riippuvaisempia meistä osana samaista tuotantoprosessia. Tuotantoprosessien sarjatyöjako luo keskinäisriippuvuuksia: Smithin esimerkissä kymmenen työmiestä voivat yhdessä valmistaa valtavan määrän nuppineuloja, mutta vain niin kauan kuin he kaikki hoitavat enemmän tai vähemmän moitteetta oman tehtävänsä. Jos yksi työmies, joka on tuotantoprosessin keskivaiheilla, ei tulekaan töihin, prosessissa on aukko. Aikaisempien työvaiheiden työntekijät kykenevät hoitamaan tehtävänsä aina siihen pisteeseen asti, josta nyt puuttuvan työmiehen tehtävä alkaa, mutta työntekijät, jotka tarvitsevat tuotantoprosessista puuttuvan työntekijän työpanoksen oman tehtävänsä suorittamiseksi, eivät kykene suorittamaan tehtäviään, joten nuppineuloja ei tuoteta. Kaikki tehtävät on suoritettava, jotta prosessi kykenee tuottamaan nuppineuloja. Yksinkertaisesti sanottuna kymmenen erikoistunutta työmiestä seisoo ja kaatuu yhdessä. Jos tuotantoketju jostain syystä katkeaa, heidän tuotantonsa palaa 48 000 nuppineulasta vaivaiseen kahteensataan (kymmenen erikoistumattoman työntekijän tuotannon maksimimäärä Smithin esimerkissä).

Tällainen keskinäisriippuvuus on riskialtista ja saattaa kuulostaa huonolta idealta, mutta sitä se ei ole. Jokaisen tällaisen työntekijän intresseissä on viedä prosessi päätökseen, koska muuten ei olisi myytäviä nuppineuloja eikä työpaikkaakaan. (Erikoistumattomina työntekijöinä he voisivat valmistaa enintään kaksikymmentä nuppineulaa ja heidän elintasonsa olisi matalampi.) Työntekijöillä on yhteinen intressi viedä tuotantoprosessi päätökseen, koska heidän erikoistuneet tuotantoponnistelunsa ovat toisistaan riippuvaisia.

Smithin väite on yleisluontoisempi eikä rajoitu vain tehdastuotantoympäristöihin. Itse pääomarakenne on erikoistumisen tulosta: resurssien jako, joka helpottaa, vahvistaa ja tehostaa työnjakoa. Viidennessä luvussa esitelty uunileipää leipovan leipurimme uuni lisää paitsi hänen tuottavuuttaan, mutta parantaa myös lisäksi tietämystään ja taitoaan uunien rakentamisesta. Jos on muita leipureita, jotka ovat kiinnostuneita uunin rakentaneen leipurin innovaatiosta, leipurimme voisi halutessaan erikoistua leipomisen sijasta uunien rakentamiseen. Hän voisi toimittaa uuneja muille leipureille, jotka voivat sitten erikoistua uunileivän valmistamiseen. Leipurin rooli on muuttunut leivänleipomisesta uunien valmistamiseen, ja hänen toimeentulonsa riippuu nyt uunien valmistamiseen ja myyntiin tarvittavien resurssien saatavuudesta. Tässä on mahdollisuus luoda lisäarvoa ja parantaa leipurin – ja kaikkien muidenkin – elintasoa.

Tämä yksinkertainen esimerkki leipurista osoittaa, miten innovaatioiden ja niistä johtuvan intensiivisen työnjaon ja pääoman ansiosta pidemmästä tuotantoprosessista tulee mahdollinen, koska se tuottaa enemmän arvoa. Se on tuottavampaa kuin niukkojen resurssien, erityisesti työvoiman, tehokkaampi käyttö. Nykyaikaisessa talousjärjestelmässä on äärimmäisen pitkiä tuotantoprosesseja, joita värittää niin kapea-alainen erikoistuminen, että useimmat meistä eivät selviäisi ilman muuta taloutta. Ajattele kaikkea sitä, mistä olet riippuvainen ja mitä käytät jokapäiväisessä elämässäsi, mutta jota et ole itse tuottanut – *etkä* todennäköisesti kykenisi tuottamaan. Olemme riippuvaisia siitä, että monet tuntemattomat ihmiset tekevät oman osuutensa taloudessa.

Kääntöpuolena on, että talous ei voisi koskaan elättää nykymaailman valtavaa ihmisjoukkoa ilman erikoistumista. Ja pienemmällä väestöllä, joka voisi ehkä elää ilman syvempää erikoistumista, ei olisi käytettävissään niitä mukavuuksia ja niitä hyödykkeitä, joita meillä on käytettävissämme. Nykyaikainen hyvinvointimme on seurausta työnjaosta ja pääomasta, jota jatkuvasti tehostetaan ja parannetaan innovaatioiden ja markkinoilla käytävän kilpailun avulla.

Markkinat vähentävät tuotanto- ja toimitusketjujen keskinäisriippuvuuksien aiheuttamia riskejä ja mahdollisia haittoja vaikuttamalla rinnakkaisiin tuotantoprosesseihin – redundanssiin eli päällekkäisyyteen. Yrittäjät, jotka haluavat osansa mahdollisista voitoista, kopioivat sen nopeasti, mikäli uusi erikoistunut tuotantoprosessi vaikuttaa tuottavan voittoa. Toisin sanoen, jos uuninvalmistaja saa uuneistaan suuria voittoja, muut yrittävät tehdä samoin. He kehittävät rinnakkaisia tuotantorakenteita voittaakseen osansa markkinoista.

Tämäntyyppisessä jäljittelevässä kilpailussa riski siitä, että tuotanto jää kesken, pienenee huomattavasti. Kuvittele, että uuninvalmistaja olisi palkannut useita työntekijöitä rakentamaan uuneja erikoistuneen tuotantoprosessin avulla. Koko yrityksen onnistuminen riippuu siitä, että kaikki työntekijät tekevät osuutensa. Näin ollen keskinäisriippuvuudesta johtuva epäonnistuminen on markkinoilla suhteellisen pieni huolenaihe, mutta näin ei tietenkään ole äärimmäisen keskitettyjen tuotantoprosessien tapauksessa.

Onko redundanssi tehotonta? Miksi useat tuottajat tarjoavat samoja hyödykkeitä sen sijaan, että yksi tehdas tuottaisi niitä suuremmassa mittakaavassa? Tällöin unohdetaan, että markkinat ovat prosessi (tästä lisää jäljempänä) – yksi yritys ei riitä kaikkien pitkälle erikoistuneiden prosessien luomiseen ja ylläpitämiseen. Tähän on kaksi pääsyytä. Ensinnäkin on epätäydellisyys: nämä pitkälle erikoistuneet ja ainutlaatuiset prosessit olisivat erittäin riskialttiita, koska jokainen erikoistunut tehtävä mahdollistaa koko ketjun tai rikkoo sen (heikoin lenkki). Ei ole ilmeistä, että mittakaavaetujen hyödyntäminen tarjoaa enemmän etuja kuin vähäisempi redundanssi, joka myös aiheuttaa riskin koko prosessin epäonnistumisesta. Toiseksi on jalostaminen: tuotannon innovaatiot eivät koskaan ole täydellisiä alusta alkaen, vaan ne paranevat kilpailun myötä, kun uudet yrittäjät keksivät, miten toimintaa voidaan parantaa. Ilman markkinoiden redundanssia emme koskaan saisi tuotantoprosesseja riittävän hyviksi mittakaavaetujen saavuttamiseksi.

Toinen kohta vaatii hieman tarkennusta. Merkittäviä parannuksia tapahtuu ja edistysaskeleita otetaan, kun markkinakilpailu jakaa tuotantoprosessit yhä pienempiin ja erikoistuneempiin tehtäviin ja prosesseihin. Yrittäjät pyrkivät jatkuvasti päihittämään olemassa olevan tuotannon innovoimalla ja keksimällä parempia tuotantotapoja. He korvaavat osia nykyisistä prosesseista pitkälle erikoistuneilla osaprosesseilla, joiden odotetaan olevan tuottavampia ja jotka voivat tarjota kilpailuetua. Yrittäjien tuottamat voittoa tavoittelevat innovaatiot jakavat ja hajauttavat tuotantoprosessia yhä enemmän. Aiemmin uudenlaisen tuotantoprosessin erikoistuneista osista tulee standardoituja pääomahyödykkeitä ja palveluja, joilla käydään kauppaa markkinoilla.

Pohditaan seuraavaa esimerkkiä. Yrittäjät ottivat jo varhain käyttöön uusia ideoita tuotannon seuraamiseksi ja hallitsemiseksi sekä myynnin lisäämiseksi. Nämä ideat laajenivat laskentatoimen ja markkinoinnin puolelle, joiden erikoistuminen johti niiden kasvavaan tuottavuuteen. Nykyään kirjanpito ja markkinointi ovat omanlaistaan liiketoimintaa, koska yrittäjät huomasivat, että on tuottavampaa erikoistua jompaankumpaan ja myydä näitä palveluja yrityksille erillispalveluina. Näin tuottajat voivat keskittyä tuotantoon, laskentatoimen osaajat laskentatoimeen ja markkinoijat markkinointiin. Kaikki voivat siis erikoistua omilla osaamisalueillaan, parantaa prosessejaan ja kasvattaa kokonaistuotantoaan. Samasta syystä maanviljelijät eivät valmista omia traktoreitaan, tuota omaa siemenviljaansa tai tuota lannoitteita tai torjunta-aineita.

Tuotannollisella keskinäisriippuvuudella on myös myönteinen *sosiaalinen* vaikutus. Huomasimme jo edellä, että kykymme kuluttaa – ostovoimamme – syntyy siitä, että tuotamme arvoa muille. Talouden yhä suuremman erikoistumisen myötä henkilökohtainen panoksemme on aina vain riippuvaisempaa muiden ihmisten tuottavasta panoksesta. Ja päinvastoin. Tämä tarkoittaa myös sitä, että minun on tässä markkinatilanteessa palveltava muita palvellakseni itseäni, koska kysyntäni – ostovoimani – perustuu tarjontani arvoon. Siis mitä enemmän olen vuorovaikutuksessa muiden kanssa, mitä enemmän opin heiltä ja mitä paremmin ymmärrän heitä, sitä paremmin kykenen tuottamaan sitä, mitä he todennäköisesti arvostavat eniten. Tämä pätee sekä itsenäisiin yrittäjiin, jotka pyrkivät palvelemaan asiakkaitaan, että suuryritysten työntekijöihin, joille maksetaan palkkaa siitä, miten hyvin he palvelevat työnantajiaan. Markkinatuotanto on siis empaattista, sillä siinä kykymme tuottaa *arvoa muille* määrittää viime kädessä sen arvon, jonka saamme vastineeksi ponnisteluistamme.

Tämä tarkoittaa, että markkinaprosessissa ei ole kyse vain tuotannosta, vaan se on myös sivistyksellinen prosessi: se edellyttää ja lisää sosiaalista yhteistyötä keskinäisen ja yhteisen etumme saavuttamiseksi. Avoimessa markkinatuotannossa ei ole ristiriitoja – on vain arvoa ja sen tavoittelua empaattisen tuotannon avulla. Kilpailu on itse asiassa yhteistyötä: sitä ei ohjata tai suunnitella, vaan se toteutuu hintamekanismin avulla. Ja sen mukana tulee parempi ymmärrys ja kunnioitus muiden ihmisten näkökulmia kohtaan – koska se tekee meistä parempia.

Ludwig von Mises oli tämän asian suhteen hyvin selväsanainen.

Yhteiskunta on tietoisen ja tarkoituksenmukaisen käyttäytymisen tulos. Tämä ei tarkoita sitä, että yksilöt ovat tehneet sopimuksia, joiden nojalle he ovat perustaneet ihmisyhteiskunnan. Toimilla, jotka ovat saaneet aikaan yhteiskunnallisen yhteistyön ja päivittäin luomalla sen uudelleen, ei pyritä mihinkään muuhun kuin yhteistyöhön ja yhteistoimintaan muiden kanssa tiettyjen yksittäisten päämäärien saavuttamiseksi. Tällaisten yhteistoiminnan tuloksena syntyneiden keskinäisten suhteiden kokonaisuutta kutsutaan yhteiskunnaksi. Se korvaa – ainakin ajateltavissa olevan – yksilöiden eristäytyneen elämän yhteistyöllä. Yhteiskunta on työnjakoa ja työvoiman yhdistämistä. Toimivana eläimenä ihmisestä tulee sosiaalinen eläin.[2]

Talous ja yhteiskunta ovat saman kolikon kaksi puolta. Markkinaprosessia ei voi erottaa yhteiskunnasta ja sivilisaatiosta.

Liikkeellepaneva voima

Olemme viitanneet markkinatalouteen prosessina käsittelemättä, mikä tekee siitä prosessin?

Markkinat, joiden kanssa olemme vuorovaikutuksissa ja joita voimme tarkastella, ovat itse asiassa joukko tuotantoprosesseja, jotka tuottavat ostamiamme tavaroita ja palveluita. Nämä prosessit

---

[2] Ks. Ludwig von Mises, Human Action: A Treatise on Economics, The Scholar's Edition. (Auburn, AL: Ludwig von Mises Institute, 1998), s. 143.

luovat työpaikkoja, joiden avulla voimme ansaita tuloja, ja näillä tuloilla voimme ostaa haluamiamme tuotantoprosessien luomia hyödykkeitä.

Markkinaprosessi ei kuitenkaan ole yksinomaan nykyisin tuotettujen hyödykkeiden tuotantoa. Kuka päättää, mitä uusia hyödykkeitä tuotetaan? Yksinkertainen vastaus on yrittäjät. He keksivät uusia hyödykkeitä ja uusia tuotantoprosesseja, jotka heidän mielestään hyödyttävät kuluttajia ja tuottavat siten yrittäjille voittoa. Yrittäjät eivät kuitenkaan voi tietää, että heidän tuottamansa ja myyntiin tarjoamansa hyödykkeet herättävät kiinnostusta – tai että kuluttajat ovat valmiita maksamaan niistä. Niinpä yrittäjät spekuloivat – he lyövät vetoa sen puolesta, että kuluttajat arvostavat sitä, minkä he ovat kuvitelleet olevan kuluttajille arvokasta. Näin yrittäjät kuljettavat markkinaprosessia eteenpäin. He haastavat jatkuvasti nykytilan pyrkiessään luomaan lisää arvoa.

Yrittäjät pyrkivät luomaan uutta arvoa ja edistämään tuotannon kehitystä pitkällä aikavälillä. Esimerkiksi vuonna 1900 ajoneuvojen kehittäminen keskittyi hevosajoneuvojen kehittämiseen ja saatavuuteen. Mutta vuonna 2000 kyse oli lähes yksinomaan moottoriajoneuvoista ja erityisesti autoista. Tämä muutos on sitä, mitä markkinaprosessi syvimmältä olemukseltaan on: jatkuvaa muutosta ja jalostamista sen parantamiseen, mitä ja miten asioita tuotetaan.

Yrittäjyys on markkinaprosessin liikkeellepaneva voima. Suuri siirtymä hevosajoneuvoista moottoriajoneuvoihin oli yrittäjien aikaansaamaa innovointia – ja osa sitä, mitä taloustieteilijä Joseph A. Schumpeter kutsui hyvin tunnetusti "luovaksi tuhoksi". Siirtymän luova puoli oli moottoriajoneuvojen ilmaantuminen – uudenlainen moottoroitu kulkuväline kuluttajille. Erityisesti Henry Fordin luoman T-Ford-ajoneuvon – kohtuuhintaisen, massatuotetun auton – tarjoaminen kuluttajille oli uraauurtava muutos, koska nyt autoja oli helposti monien kuluttajien saatavilla. Ihmiset eivät päättäneet luopua hevosista ja hevosajoneuvoista, vaan valitsivat pikemminkin autot, koska ne tarjosivat enemmän arvoa. Tässä piilee "tuhon" perimmäinen syy: hevosajoneuvojen markkinat romahtivat, koska kuluttajat saivat enemmän arvoa muualta.

Toisin sanoen autot tarjosivat kuluttajille enemmän arvoa kuin heidän aiemmin suosimansa kulkupeli. Näin ollen ihmiset, jotka olivat kasvattaneet ja kouluttaneet hevosia, ja valmistaneet hevosvaunuja, eivät enää tuottaneet riittävästi arvoa kuluttajille. Heidän liiketoimintansa ja ammattinsa korvautuivat pian sellaisilla tehtävillä, joita kuluttajat arvostivat enemmän.

Hevosajoneuvojen tueksi syntyneet yritykset ja työtehtävät joko hävisivät tai niiden oli siirryttävä muiden hyödykkeiden tuotantoon. Niinpä nykyään meillä on vain muutamia ammattimaisia hevosajoneuvojen valmistajia, mutta samaan aikaan on lukemattomia rautakaivoksia, terästehtaita ja huoltoasemia, jotka tukevat mitä erilaisempien ajoneuvojen käyttöä.

Näitä siirtymiä kohti uutta arvoa tapahtuu markkinoilla jatkuvasti. Joskus olemme niistä tietoisia, koska ne ovat nopeita ja vaikuttavat meihin henkilökohtaisesti. Mutta usein emme välttämättä edes tiedosta muutoksia. Tämä on tyypillistä varsinkin silloin, kun *itse* tuotantoprosesseissa ja *niiden välillä* tapahtuu suuria muutoksia, jotka eivät vaikuta suoraan kulutushyödykkeisiin. Esimerkiksi tietokone mullisti sekä tuotantoprosessit että yritysten toimintatavat. Vaikka tietokoneet voivat tehostaa tuotantoprosessia – tai järjestää sen kokonaan uudelleen – kuluttajat eivät useimmiten huomaa eroa "tietokoneistetun" ja "ei-tietokoneistetun" tuotantoprosessin tuottamien kulutushyödykkeiden välillä. Mutta tuottajat huomaavat sen, kun uusia ammatteja ja erikoistumisalueita syntyy. Nämä uudet arvoa tuottavat työtehtävät saattavat kasvattaa palkkatasoa ja tarjota uudenlaisia uramahdollisuuksia. Vuonna 1900 ei ollut IT-ammattilaisia, mutta nyt se on jo varsin yleinen ja arvostettu ammatti – ja IT-ammattilaiset nauttivat huomattavasti korkeammasta elintasosta kuin huippuluokan hevosajoneuvoja valmistaneet maailman parhaat puusepät vuonna 1900.

Arvon tuotanto

Yrittäjät kilpailevat sekä olemassa olevien yritysten että muiden yrittäjien kanssa uuden arvon tuottamisesta kuluttajille. Yrittäjillä on tärkeämpi rooli. Spekuloimalla ja panostamalla uuden arvon luomiseen yrittäjät tarjoavat keinot talouslaskentaan, koska he määrittelevät tuotantovälineiden rahahinnat. Tämä on perustavanlaatuisen tärkeä seikka, koska se tekee taloudesta todellisen järjestelmän. Ilman yrittäjiä, jotka ovat valmiita kantamaan epävarmuutta, olisi mahdotonta järjestellä resursseja taloudellisin tavoin ja keksiä uusia innovatiivisia tuotantoprosesseja.

Tämän ymmärtääksemme meidän on pohdittava, mitä yrittäjät tekevät. Tarkemmin sanottuna on pohdittava, mitä yrittäjien toiminta kokonaisuudessaan tarkoittaa. Havaittavat ilmiöt syntyvät ihmisten toiminnasta, kuten niin monissa taloudellisissa tapahtumissa, mutta ne eivät kuitenkaan ole yhden ihmisen aikaansaannoksia. Sen sijaan ne ovat ihmisten toimista syntyviä piirteitä tai kuvioita (järjestystä).

Toisin sanoen, jos ajan maantiellä rauhallisesti omalla kaistallani, en todennäköisesti aiheuta muille kovinkaan suuria ongelmia. Sama koskee myös muita kuljettajia. *Liikenteeseen* syntyy (kokonaisuutena) kaikkia hyödyttävä järjestys, jos kaikki samaan suuntaan pyrkivät autot ajavat yhdellä puolella tietä. Tällöin tapahtuu vähemmän onnettomuuksia ja matkustaminen on nopeampaa. Tämä järjestys vaikuttaa myös yksittäisten kuljettajien päätöksiin: on järkevämpää ajaa samalla puolella muiden tavoin, koska muuten autolla ajaminen olisi vaarallista ja erittäin tehotonta.

Samoin se, mitä yksittäinen yrittäjä tekee, on tärkeää ja saattaa osoittautua jopa mullistavaksi, kuten Henry Fordin Ford Model T -automallin kohdalla nähtiin. Mutta mitä siinä mullistettiin? Aiemmin vallinnut markkinajärjestys, joka on tuottajien ja kuluttajien toimien kokonaisuus. Näin ollen yrittäjät voivat toimia *yksilöllisesti* tietyillä tavoilla (mikä on verrattavissa siihen, että yksilöt ajavat yhdellä puolella tietä) ja luoda *kokonaisuuden* (oikealla puolella ajaminen), joka hyödyttää meitä kaikkia.

Tarkennetaanpa asiaa vielä selvyyden vuoksi. Yrittäjä kuvittelee mielessään uuden hyödykkeen tai prosessin, jota ei ole vielä kokeiltu. Henry Ford kuvitteli autojen teollisen liukuhihnatuotannon, Johannes Gutenberg kirjapainon ja Thomas Edison hehkulampun. Yrittäjä on vakuuttunut siitä, että uusi hyödyke tuottaa kuluttajille enemmän arvoa kuin nykyiset hyödykkeet. Hän uskoo potentiaalisen arvon olevan niin suuri, että kuluttajat ovat valmiita maksamaan hänen uudesta hyödykkeestään. Toisin sanoen hän odottaa tekevänsä voittoa.

Yrittäjän voittolaskenta perustuu käytettävissä olevien resurssien kustannuksiin: työntekijöiden palkkoihin, tuotantolaitoksen kuluihin, materiaali- ja konemaksuihin, sähkölaskuun ja niin edelleen. Nämä kustannukset on helppo arvioida, koska resurssit ovat tarjolla markkinoilla – niiden hinnat on jo määritelty (tämä on tärkeää, ja palaamme asiaan vielä). Jos resursseja on vaikea saada, yrittäjä voi arvioida, kuinka paljon hänen on maksettava muiden tuottajien tarjouksien voittamiseksi. Myös uudenlaisen koneen rakentamisen kustannukset voidaan arvioida, koska kaikki tarvittava on jo useimmiten ostettavissa. Käytännössä kaikki kustannukset voidaan arvioida rahahintoina, joten yrittäjä voi helposti arvioida uuden hyödykkeen tuotantokustannukset.

Onko tuotanto kannattavaa? Tuottaako toiminta riittävästi voittoa? Tämän selvittämiseksi yrittäjän on arvioitava *uuden hyödykkeen arvo kuluttajille*. Arvo antaa karkean käsityksen siitä, minkälaisia hintoja kuluttajat ovat valmiita maksamaan ja minkä verran hyödykettä myydään kyseisillä hinnoilla. Tämä arvosta johdettu hinta on perusta yrittäjän päätöksille siitä, että miten, milloin ja missä tuotetaan. Odotettavissa olevat tulot *rahahinnoissa* ovat enimmäismäärä, jonka yrittäjä on valmis maksamaan työntekijöille, pääoman myyjille ja niin edelleen. Kun odotetusta tulosta vähennetään kustannukset, yrittäjä saa käsityksen hyödykkeen kannattavuudesta ja sen odotetusta tuottoasteesta. Tämä rahamääräinen laskenta on mahdollista, koska sekä kustannukset että hyödyt ilmaistaan rahassa – niitä voidaan verrata keskenään, ja tulos voidaan laskea, vaikka se perustuu osittain arvauksiin ja arvioihin. Odotetun tuoton perusteella yrittäjä voi sitten päättää, onko investointi kannattava. Rahamääräinen laskenta mahdollistaa taloudellisen toiminnan markkinatasolla!

Tämä saattaa kuulostaa itsestäänselvyydeltä. Moni unohtaa, että juuri arvotulos ohjaa yrittäjiä ja vaikuttaa heidän valintoihinsa siitä, miten yritystä johdetaan. Potentiaaliset voitot, kun kuluttajat arvostavat heidän kuvittelemiaan ja tuottamiaan hyödykkeitä, kannustavat yrittäjiä. Arvo ei toisin sanoen ole yrittäjän päätäntävallassa, mutta *kustannus on valittavissa*.

Ajatellaan, mikä on kaikkien yrittäjien yhteisvaikutus, kun he tekevät kustannuksia koskevia valintoja, jotka perustuvat heidän parhaisiin arvauksiinsa kuluttajille tarjottavasta arvosta. Yrittäjät kilpailevat jatkuvasti niukoista resursseista ja harkitsevat uudelleen kustannuksiaan kilpaillessaan toistensa kanssa. Edellä mainitun yrittäjän tavoin heidän on ehkä kannustettava työntekijöitä tai houkuteltava materiaalien tai palvelujen myyjiä tarjoamalla muita suhteellisesti korkeampia hintoja. Yrittäjien on kuitenkin päätettävä jopa toimivan yrityksen tapauksessa, uusitaanko aiempia sopimuksia, neuvotellaanko niistä uudelleen, järjestelläänkö tuotantoa uudelleen ja niin edelleen. Nämä valinnat ja päätökset perustuvat odotettuun arvotulokseen: jos yrittäjä kokeilee jotain uutta, se on hänen paras arvionsa siitä, kuinka paljon arvoa kuluttajat saattavat nähdä yrittäjän hyödykkeissä; jos yrittäjä jatkaa olemassa olevan hyödykkeen tuotantoa, se voi olla yrittäjän oletus siitä, että asiat eivät juurikaan muutu.

Ne yrittäjät, jotka odottavat tuottavansa enemmän arvoa, kykenevät tarjoamaan korkeampia hintoja tarjolla olevista tuotantopanoksista – ja heidän voi myös olla helpompi hankkia haluamansa tuotantopanokset. Niillä, jotka odottavat tuottavansa vähemmän arvoa, ei ole varaa ostaa kalleimpia tuotantopanoksia, ja heidän on harkittava muiden, todennäköisesti heikompien tuotantopanoksien käyttämistä. Tämä tarkoittaa sitä, että hyödyllisimmät ja eniten arvoa tuottavimmat resurssit myydään korkeammalla hinnalla ja että niitä käytetään siellä, missä niiden odotetaan tuottavan eniten arvoa kuluttajille. Siten yrittäjät epäsuorasti *ohjaavat resursseja* niiden kulloiseenkin "parhaaseen" käyttötapaukseen.

Tarjouskilpailuprosessi ei ole vain keino ohjata resursseja sinne, missä niiden odotetaan olevan arvokkaimpia, vaikka tämä onkin erittäin tärkeää. Se määrittää myös näiden resurssien markkinahinnat. On olemassa jo määriteltyjä markkinahintoja, joita yrittäjät voivat käyttää kannattavuuslaskelmissaan. Tappioita välttääkseen yrittäjät eivät halua liian kalliita resursseja (mikä on merkki siitä, että markkinat odottavat jonkun muun tuottavan niillä enemmän arvoa) ja valitsevat sen sijaan edullisempia resursseja, joita käyttämällä he odottavat tuottavansa voittoa.

Näin ollen yrittäjien tarjouskilpailu ohjaa resursseja *ja* määrittää niiden hinnat – ja näin ollen vaikuttaa myös siihen, *mitä hankkeita olisi toteutettava*. Ainoastaan korkeimpien odotusarvojen omaavien hankkeiden voidaan odottaa tuottavan voittoa (ja siksi niitä toteutetaan). Yrittäjällä, joka ennakoi luovansa uutta arvoa, on varaa tarjota enemmän (pääasiassa korkeampia rahahintoja) kuin nykyisellä tuotannolla.[3] Tämän vuoksi suuryrityksillä ei ole juurikaan vaikutusvaltaa yrittäjiin. Tärkeintä on odotettu arvontuotto, ei organisaation koko.

Tämä omituinen tuotantovälineiden markkinahinnoitteluprosessi, jossa yrittäjät tekevät päätöksiä hintojen perusteella, joiden määrittämiseen he myös osallistuvat, mahdollistaa sen, että markkinat voivat käyttää *niukkoja resursseja rationaalisesti* eli taloudellisesti tulevan arvontuoton näkökulmasta. Tämä prosessi ei synnytä täydellistä lopputulosta, mikä on mahdotonta, koska tuotantopäätökset, mukaan luettuina kustannukset, jotka on otettava huomioon, edeltävät aina kuluttajien arviointia ja harkintaa. Minkä tahansa tuotannon tulos on epävarma ja riippuu viime kädessä siitä, mitä kuluttajat päättävät ostaa. Muista, että kyseessä on *prosessi* - se ei voi olla maksimoiva, koska tulos ei ole eikä voi olla tiedossa, mutta sitä voidaan parantaa.

Tulevaisuuden epävarmuus selittää, miksi niin monet yrittäjät epäonnistuvat. Tulevaisuutta tuntematta monet heistä arvioivat väärin tai jopa yliarvioivat kuluttajien arvostukset.

---

[3]Yrittäjien, joilla ei ole omaa pääomaa, pitäisi kyetä hankkimaan ulkopuolista rahoitusta, jos ehdotetun hankkeen odotusarvo on riittävän korkea.

Epäonnistuneilla yrittäjillä on kuitenkin tärkeä merkitys, koska heidän epäonnistumisensa tekee muille yrittäjille selväksi, mikä ei toimi, ja tarjoaa heidän resurssinsa muiden yrittäjien käyttöön.

Järjestelmä toimii, koska se perustuu yksityisomaisuuteen: yrittäjät voittavat tai häviävät omakohtaisesti. Jos yrittäjät eivät olisi vaarassa menettää omia rahojaan ja omaisuuttaan, monet heistä eivät olisi yhtä harkitsevaisia valitessaan, mitkä kustannukset he ovat valmiita kantamaan, ja hinnat eivät näin ollen olisi rationaalisia arvojen arvioita. Jos yrittäjät eivät hyötyisi epävarmoista toimistaan, heillä ei olisi juurikaan syitä kokeilla niitä – ja vielä vähemmän syitä valita kustannuksensa viisaasti.

Yhteenvetona voidaan todeta, että markkinaprosessi jakaa niukkoja resursseja rationaalisesti, koska yrittäjät ottavat riskin omalla henkilökohtaisella omaisuudellaan ja tekevät siksi parhaansa tehdäkseen oikeita valintoja. Jos yrittäjä epäonnistuu, hänet karsitaan armotta pois, ja näille yrittäjille jää vähemmän pääomaa yrittää uudelleen. Menestyvät yrittäjät, jotka ovat valinneet kustannuksensa viisaasti ja tuottaneet hyödykkeitä, joita kuluttajat arvostavat suuresti, palkitaan voitoilla. Tämä yrittäjyyden dynamiikka luo "henkisen työnjaon", jossa parhaat ja älykkäimmät voivat kokeilla ideoitaan – ja hyödyttää kuluttajia.

Yrittäjyys ja johtaminen

Markkinaprosessi, sellaisena kuin se on tässä hahmoteltu, on paljon muutakin kuin se, mitä voimme havaita millä hetkellä tahansa. Kyseessä on kehityskulku, joten kaikki, mikä on olemassa tiettynä ajankohtana, on seurausta siitä, mitä oli aiemmin olemassa – ja se, mitä tapahtuu nykyhetkessä ja sen jälkeen, haastaa sen, mitä aiemmin oli olemassa. Toisin sanoen nykyiset yritykset ovat markkinoiden karsintaprosessin tulos – ne "voittivat" resursseja koskevan yrittäjämäisen kilpailun. Jos kuluttajat olisivat valinneet toisin tai yrittäjillä olisi ollut muita ideoita, olisi olemassa muita yrityksiä, jotka tuottaisivat muita hyödykkeitä.

Vastaavasti osa yrittäjistä, jotka ovat parhaillaan hankkimassa rahoitusta, aloittelemassa yritystoimintaansa tai kokeilemassa tuotantoprosesseja, ovat luomassa tulevaisuuden yrityksiä. Nykyiset tuottajat pysyvät elossa vain, jos ne jatkavat arvon luomista – ja luovat *enemmän* arvoa kuin huomisen yritykset. Tämän vuoksi nykyiset yritykset, jopa hyvin suuret yritykset, eivät voi jäädä laakereilleen lepäämään ja odottamaan, vaan niiden on innovoitava. Niillä on paikkansa markkinaprosessissa vain niin kauan kuin kukaan muu ei kykene tarjoamaan kuluttajille enemmän arvoa.

Toisin sanoen, jos analysoitaisiin taloutta ja keskittyisimme vain olemassa oleviin yrityksiin, emme huomaisi valtaosaa prosessista. Emme ymmärtäisi, miksi nämä yritykset (ja niiden tuottamat hyödykkeet) ovat olemassa, emmekä ymmärtäisi, miten tai miksi yrittäjät, joilla on parempia ideoita, saattavat pian korvata ne. Tarkastellessamme vain nykytilannetta – nykyhetken talousjärjestelmää – tai lähimenneisyydessä tapahtuneita muutoksia, voimme helposti sanoa, että talous on melko staattinen järjestelmä, joka ei ole lähelläkään resurssien käytön maksimointia. Olisi helppoa löytää tehottomuuksia ja keksiä muita mahdollisia ratkaisuja. Tämä olisi kuitenkin suuri virhe. Markkinaprosessissa on ensisijaisesti kyse siitä, että keksitään, miten luodaan uutta arvoa kuluttajille – kyse ei ole nykyisen tuotannon tuotosten maksimoinnista.

Se on *yrittäjähenkinen* prosessi. Nykytila on vain prosessin viimeisin ilmentymä – se kuvastaa eilisen voittajia ennen kuin ne korvataan huomisen voittajilla. Markkinaprosessi on jatkuvassa muutoksessa, ja sille on ominaista uudistuminen ja edistyminen.

Markkinaprosessi on paljon laajempaa kuin pelkkä *tuotannonohjaus*. Yleensä ottaen haluamme, että yrityksillä on osaava ja hyvä johto, joka virtaviivaistaa tuotantoa, leikkaa kustannuksia, ja hienosäätää ja parantaa tarjoamaa. Johtaminen on kuitenkin sitä, mitä tuotannossa tapahtuu sen jälkeen, kun yrittäjä on todistanut kuvitelmansa oikeiksi. Johtaja on yrittäjän "nuorempi kumppani", kuten Mises aikaan totesi.

Yksinkertaisesti sanottuna johtaminen ratkaisee aivan eri ongelman kuin yrittäjyys. Kyse on tuotantoprosessin tuloksen maksimoinnista (yleensä rahamääräisen voiton muodossa). On perustavanlaatuisella tavalla väärin ajatella markkinaprosessin olevan pelkkää tuotannon johtamista.

Osa III

Interventio

8

Rahapoliittinen interventio

Nousu- ja laskusuhdanteet

Talouden jatkuva muutos ei ole vain satunnaisia muutoksia vaan tuotantokoneiston mukauttamista arvon luomiseksi. Arvo on liikkuva kohde, koska kuluttajat haluavat ajan myötä itselleen myönteisiä muutoksia, innovaatioita ja uusia mahdollisuuksia. Jatkuvat mukautukset tarkoittavat sitä, että markkinat ymmärretään parhaiten prosessina.

Asiassa on kaksi perustavaa laatua olevaa seikkaa. Ensinnäkin olemassa olevaan tuotantoon tehdään mukautuksia, joiden tarkoituksena on pitää lukemattomien toimijoiden ponnistelut linjassa odotetun kuluttaja-arvon kanssa. Ilman näitä mukautuksia tuotanto olisi yhä suuremmissa määrin ristiriidassa sen kanssa, mitä kuluttajat haluavat. Seurauksena olisi elintason lasku.

Toiseksi yrittäjät kokeilevat innovaatioita, joiden he kuvittelevat tuottavan uutta arvoa kuluttajille. Yrittäjien onnistuessa tapahtuu disruptiota ja yrittäjien todellisuudeksi muuttuneet ideat korvaavat jo olemassa olevaa tuotantoa. Talous kasvaa ja elintasomme nousee, kun tuotanto mullistuu tällä tavoin.

Kokonaisprosessin olemassaolo riippuu ennen kaikkea toimivasta hintajärjestelmästä, joka tarjoaa taloudellisille toimijoille tietoa, jota nämä tarvitsevat voidakseen reagoida muutoksiin rationaalisesti (näimme seitsemännessä luvussa, miten tämä tapahtuu). Yrittäjät tekevät päätöksiä tarjolla olevan informaation perusteella, joten jos hintoja peukaloidaan ja ne välittävät väärää informaatiota, niin yrittäjät tekevät päätöksensä virheellisen informaation perusteella. Tämä tarkoittaa, että yrittäjien hankkeet epäonnistuvat todennäköisemmin, mutta se tarkoittaa myös sitä, että yrittäjien toimet synnyttävät erinäisiä virheellisyyksiä tuotantokoneistossa. Tämän seurauksena talous *vääristyy*.

Nousu- ja laskusuhdanteet ovat erityisiä vääristymätyyppejä, jossa peukaloidut hintasignaalit aiheuttavat virheellisiä investointipäätöksiä. Nämä saavat aikaan keinotekoisen, kestämättömän noususuhdanteen. Tätä seuraa laskusuhdanne, kun tuotantoon tehdyt virheinvestoinnit käyvät ilmi.

Tuottoaste ja pääomainvestoinnit

Minkä tahansa sijoituksen tapauksessa on tärkeää pohtia odotettua tuottoa pikemminkin asteena (prosenttina) kuin määränä. Miksi? Koska suhteellinen tulos ratkaisee, kuinka hyvä sijoitus on. Miljoonan euron voitto ei ole paljon, jos se syntyy miljardin euron sijoituksesta. Mutta miljoona euroa on valtava tuotto, jos alkuperäinen sijoitus oli 100 000 euroa. Voitto euroissa mitattuna on sama, mutta jälkimmäinen on kymmenentuhatta kertaa suurempi kuin ensin mainittu.[1]

[1] Miljoonan euron voitto miljardin euron sijoituksesta on 0,1 prosentin tuotto, mutta 100 000 euron sijoituksen tapauksessa se on 1 000

Eri hankkeita on helpompi vertailla keskenään, kun voittoa tarkastellaan tuottoasteina. Se tarkoittaa, että yrittäjät – ja yrittäjän yritykseen sijoittaneet – kykenevät vertailemaan kaikin tavoin erilaisia vaihtoehtoja keskenään. Esimerkiksi uuden lentoyhtiön perustaminen vaatisi massiivisen pääomainvestoinnin lentokoneiden hankkimiseksi, miehistön palkkaamiseksi ja lentoreittien perustamiseksi, kun taas uuden siivouspalvelun perustaminen vaatii huomattavasti pienemmän alkuinvestoinnin. Voi kuitenkin olla, että suuremman investoinnin odotetaan tuottavan paljon enemmän *suhteessa* voittoa, mikä tarkoittaa, että se on taloudellisesti mielekkäämpi – siis jopa silloin, kun se vaatii paljon enemmän pääomaa.

Markkinavoitot suhteutuvat kuluttajien arvon kanssa, kuten olemme jo aiemmin huomanneet. Sijoituksesta saadaan suurempi tuotto, *koska* sen arvo kuluttajille on suurempi. Tämä tarkoittaa, että on kaikkien edun mukaista, jos tehdyistä investoinneista saadaan mahdollisimman suuri tuotto.

Korkeampi tuottoaste tarkoittaa myös sitä, että yrittäjä saa helpommin investointipääomaa lainaksi. Näin ollen hyvin pääomavaltaiset hankkeet (kuten lentoyhtiö) voivat saada tarvittavaa rahoitusta, vaikka ne ovatkin etukäteen hyvin kalliita. Ja yrittäjä kykenee helposti laskemaan, ovatko pääomakustannukset kaiken vaivan ja ajan arvoisia. Esimerkiksi odotettu nettotuotto on kaksi prosenttia tilanteessa, jossa hankkeen tuotto on seitsemän prosenttia ja pankista saa lainaa viiden prosentin korolla. Tämä tarkoittaa, että yrittäjä voi myös verrata tätä kahden prosentin nettotuottoa esimerkiksi siihen, mitä huomattavasti vähemmän pääomavaltainen

prosentin tuotto. Jos miljardi euroa sijoitettaisiin sen sijaan pienempiin hankkeisiin 1 000 prosentin tuotolla, se tuottaisi 10 miljardin euron kokonaisvoiton. Se on kymmenentuhatta kertaa suurempaa investointia korkeampi.

investointi (kuten siivouspalvelu) tuottaisi – vaikka hän ei silloin tarvitsisikaan ulkopuolista rahoitusta hankkeen toteuttamiseksi. Jos siivouspalvelun odotetaan tuottavan neljän prosentin nettotuoton, yrittäjä ei todennäköisesti perustaisi lentoyhtiötä, koska sen tuotto on vain puolet siitä, mitä hän voi ansaita siivouspalveluillaan (kaksi *vs.* neljä prosenttia).

Mutta kuvittele, jos ulkopuolisen rahoituksen korko olisi vain yksi prosentti. Nyt lentoyhtiön odotettu tuotto on *50 prosenttia suurempi*[2] kuin siivouspalvelun, vaikka mikään muu tekijä ei ole muuttunut. Tässä tilanteessa odottaisimme, että yrittäjät perustaisivat mieluummin lentoyhtiön kuin siivouspalvelun, koska lentoyhtiöllä he tienaisivat enemmän rahaa – huolimatta siitä, että he joutuvat nostamaan lainaa investointia varten. Lentoyhtiön perustaminen vaatii enemmän tuottavaa pääomaa, mutta tämä ei ole ongelma alhaisemman korkokannan vallitessa.

Jos tuottoasteiden välinen ero on riittävän suuri, yrittäjät saattavat myös myydä tai lopettaa siivouspalvelunsa ja ryhtyä sen sijaan pyörittämään lentoyhtiötä ja muita pääomavaltaisempia yrityksiä. Tämä olisi asianmukainen ja taloudellisesti mielekäs siirtymä investoinneissa, koska lentoliikennepalvelut tarjoavat kuluttajille enemmän odotettua arvoa (mikä näkyy sen korkeammassa tuottoasteessa). Olemassa oleva pääoma sijoitettaisiin sinne, missä sitä voidaan käyttää tuottavimmin kuluttajien palvelemiseen.

Korkeampi tuottoaste ei johdu ainoastaan matalammista kustannuksista. Se voi olla seurausta myös suuremmasta arvonluonnista. Sekä matalammat kustannukset että suurempi arvonluonti voivat kasvattaa tuottoastetta ja päinvastoin. Investointipäätöksiä

[2] Siivouspalvelun tuotto on edelleen neljä prosenttia, kun taas lentoyhtiön tuotto-odotus on nyt seitsemän prosenttia vähennettynä yhden prosentin pääomakustannuksilla. Se on 50 prosenttia enemmän kuin siivouspalvelun (6 % / 4 % = 150 %)

tehtäessä ratkaisevaa on odotettu tuotto suhteessa tarvittaviin investointeihin.

Vaikka hankkeiden odotettu nettotuottoaste olisi sama, niiden taloudellinen tilanne ei välttämättä ole sama. Tämä on jälleen yksi esimerkki siitä, miten markkinat antavat toimijoille valtaa rimaa alentamalla: yrittäjän ei tarvitse tietää investointipäätöksen tekemiseksi, *miksi* tuottoaste on korkea. Talouden ymmärtämiseksi tällä seikalla on kuitenkin merkitystä. Esimerkiksi koron ollessa viisi prosenttia, 11 prosentin tuotto-odotus lentoliikenteen käynnistämiseksi tehdyistä erittäin pääomavaltaisista investoinneista tekee niiden nettotuotosta 50 prosenttia suuremman kuin siivouspalvelun neljän prosentin nettotuotto.

Mutta talous on jotain muuta. Korkea tuotto johtuu korkeasta odotetusta arvonluonnista, kun tuotto on 11 prosenttia ja korko viisi prosenttia. Korkea korko viittaa siihen, että pääomaa on tarjolla niukasti, minkä vuoksi pankit kykenevät perimään korkeaa korkoa. Investointien – ja siten pääoman – houkuttelemiseksi lentoyhtiöiden odotetaan luovan enemmän arvoa. Tämä kävi ilmi jo edellä: lentoyhtiöiden tuottoprosentin ollessa vain seitsemän prosenttia, siivouspalvelun nettotuotto oli korkeampi. Lentoyhtiöiden tuottoasteen noustessa 11 prosenttiin, siivouspalveluilla tehtiin pienempi nettotuotto kuin lentoyhtiöillä. Tämä toiminta siirtää jo käytössä olevaa pääomaa parempaan (enemmän arvoa luovaan) käyttöön: kuluttajat hyötyvät, kun *samoilla* resursseilla tuotetaan enemmän arvoa.

Tapauksessa, jossa tuotto on seitsemän prosenttia ja korko yksi prosentti, korko on matalampi, koska investointeihin on käytettävissä enemmän pääomaa. Pääomaa on käytettävissä enemmän, koska ihmiset ovat aiemmin päättäneet kuluttaa vähemmän ja säästää enemmän tulevaisuutta varten. Niinpä myös kulutushyödykkeiden tuotanto vähenee. Taloudessa voidaan tällöin tehdä *enemmän* investointeja jo käynnistyneiden investointien lisäksi. Kuluttajat hyötyvät, kun enemmän pääomaa investoidaan hyödykkeiden tuotantoon (jotka tulevat tarjolle tulevaisuudessa). Matalamman korkotason ansiosta käyttämätön pääoma voidaan ottaa käyttöön, vaikka tämä ei sulje pois siirtymiä muilta tuotantoaloilta. Lisäinvestoinnit lisäävät talouden kokonaistuotantoa.

Tuottoaste on yksinkertaisesti osoitus investoinnin lisäarvosta. Sillä ei ole merkitystä, muuttuuko tämä korkokustannusten (matalammat korot) vai arvon (korkeampi odotettu lentolippujen myynti) vaihtelun vuoksi. Yrittäjän kannalta tärkeää on odotettu tuottoaste, joka on likimain talouteen lisätyn arvon suuruinen. Korkeamman arvon tuottaminen ja matalammat tuotantokustannukset ovat kuluttajille hyödyllisiä.

Keinotekoisen noususuhdanteen syyt ja luonne

Kuvittele tilanne, jossa korko laskee edellä kuvatulla tavalla viidestä prosentista yhteen prosenttiin, mutta sijoitettavaa pääomaa ei ole käytettävissä aiempaa enemmän. Miten tällainen tilanne voisi syntyä? Jos pankit luovat uutta valuuttaa ja tarjoavat sitä lainoina, niiden perimät korot painuvat matalammiksi, jolloin markkinakorko laskee alle sen tason, jolla se muuten olisi (esimerkiksi yhteen prosenttiin viiden prosentin sijaan). Kyse ei kuitenkaan ole muuttuneista taloudellisista olosuhteista; pääomaa ei ole saatavilla enempää, vaan ainoastaan rahaa lainojen muodossa ostamaan resursseja, joita yrittäjät tarvitsevat tuotantohankkeidensa käynnistämiseen ja loppuun saattamiseksi. Korkosignaali, johon yrittäjät nojaavat talouslaskennassaan, on siis *keinotekoisen* matala. Siksi yrittäjien päätökset ja heidän toimintansa perustuvat tässä tilanteessa virheelliseen signaaliin.

Alhaisempi korko tarkoittaa enemmän investointeja, kuten edellä huomautettiin. Esimerkissämme yrittäjät perustavat uusia lentoyhtiöitä (ja laajentavat nykyisten lentoyhtiöiden toimintaa), koska lentoliikenne vaikuttaa suhteellisesti tarkastellen kannattavammalta. Yrittäjien, joilla on lainattua ostovoimaa (uutta rahaa), saapuessa markkinoille ja pyrkiessä perustamaan uutta tuotantoa, he lisäävät pääoman kysyntää ja kasvattavat hintoja. Nämä investoinnit tapahtuvat pääasiassa pääomavaltaisessa liikenteessä, joten kasvanut kysyntä kohdistuu erityisesti lentokoneisiin, miehistöön ja muihin tällä toimialalla käytettäviin resursseihin. Näin ollen lentokoneiden hintalappu kasvaa ja lentoyhtiöiden työntekijät, lentokapteenit ja miehistön jäsenet nauttivat korkeammista palkoista.

Asiakkaiden kasvava maksuhalukkuus antaa lentokoneiden valmistajille merkin tarpeesta kasvattaa tuotantoa. Erilaisiin lentokoneiden valmistuksessa tarvittaviin raaka-aineisiin ja työvoimaan kohdistuva kasvanut kysyntä kasvattaa myös näiden resurssien hintoja. Tästä seuraa investointibuumi, ja hinnat kasvavat kaikissa tuotannon vaiheissa: ensin lentoyhtiöillä, sitten lentokoneiden valmistajilla, ja niin edelleen alumiinin tuottajilla ja lopuksi louhijoilla. Jokaisessa vaiheessa kysyntä kasvaa, mikä tarkoittaa, että tuottajat voivat periä korkeampia hintoja ja nauttia suuremmista voitoista, mikä saa heidät laajentamaan toimintaansa entisestään. Nämä olosuhteet saavat myös muut yrittäjät investoimaan näille toimialoille pyrkimyksenään saada osan voitoista. Lisääntyneet investoinnit ovat kaikki tarkoituksenmukaisia, kun otetaan huomioon signaalit: hinnat nousevat, mikä viittaa siihen, että tarjonta on riittämätöntä; tuottajat aliarvioivat kysynnän.

Uudet ja laajentuvat lentoyhtiöt, jotka ovat halukkaampia ja kykenevämpiä maksamaan, kilpailevat kysynnällään muiden samoja resursseja käyttävien kanssa. Muut alumiinin kaupalliset käyttäjät, kuten virvoitusjuomien tuottajat, joutuvat maksamaan korkeampia hintoja ja sen saatavuus heikkenee, mikä vaikuttaa puolestaan niiden katteisiin. Korkeampien hintojen vuoksi nämä tuottajat arvioivat uudelleen suunnitelmansa toimia taloudellisesti alumiinin käytön osalta ja harkitsevat vaihtoehtoja. Tämän seurauksena virvoitusjuomien hinnat saattavat nousta tai virvoitusjuomia ryhdytään myymään alumiinitölkkien sijaan lasi- tai muovipakkauksissa.

Se, että alumiinia, joka olisi ollut virvoitusjuomien valmistajien käytettävissä, ohjataan nyt lentokoneiden valmistukseen, ei ole niin kummallista kuin miltä se saattaa vaikuttaa. Markkinoiden hintasignaalien mukaan alumiinin pitäisi tuottaa eniten arvoa kuluttajille lentokoneiden muodossa.[3] Odotettavissa olisi, että oikeat markkinahinnat siirtävät tuotantoa sinne, missä siitä on eniten hyötyä, kun yrittäjät kilpailevat kuluttajien tarpeiden ja halujen tyydyttämisestä (kuten seitsemännessä luvussa todettiin).

Ongelmana on kuitenkin se, että lentokonetuotannon korkeammat hinnat johtuvat keinotekoisen matalasta korkotasosta, jonka pankit ovat aiheuttaneet luomalla uutta rahaa ja laajentamalla luottoa – kyse ei siis ole pääoman parantuneesta saatavuudesta. Näin ollen koko siirtymä taloudessa kohti lentokoneiden tuotantoa, mukaan luettuina kaikki tämän tuotannon tukemiseksi teh-

[3] Esimerkissä oletetaan, että virvoitusjuomien valmistajat eivät odota riittävää (suurempaa) kysyntää tuotannon laajentamiseksi, mutta jos tilanne olisi odotettavissa, he saattaisivat hyödyntää alempaa korkotasoa investoidakseen tuotannon laajentamiseen esimerkiksi automaation tuella. Tämä lisäisi edelleen kysyntää tuotannon korkeammissa vaiheissa, kun sekä lentokoneiden valmistajat että virvoitusjuomien valmistajat pyrkivät hankkimaan lisää alumiinia.

dyt investoinnit, ovat esimerkkejä virheinvestoinneista. Siten ne suuntaavat resursseja pois muilta tuotannon aloilta, jotka vaikuttavat suhteellisesti vähemmän kannattavilta.

Virheinvestoinneilla[4] tarkoitetaan investointeja, jotka ovat rakenteellisesti vääristyneitä: joillakin talouden aloilla tehdään liikainvestointeja, kun taas toisilla aloilla tehdään ali-investointeja. Lentoyhtiöihin tehdyt yli-investoinnit tarkoittavat myös yli-investointia lentokoneiden valmistukseen, alumiinin tuotantoon ja kaivostoimintaan, joiden tarkoituksena on vastata odotuksiin kysynnän kasvusta. Nämä investoinnit tehdään tuotantokapasiteetin lisäämiseksi, jotta voidaan vastata lentomatkustamisen odotettuun suurempaan kysyntään (koska sen odotettu arvo on suurempi). Näillä toimialoilla koetaan noususuhdanne, kun investoinnit kasvavat ja hinnat nousevat suuremman kysynnän ansiosta.

Nämä samat toimialat (ainakin esimerkissämme) laajenivat samalla tavalla myös korkojen laskiessa tuottavan pääoman paremman saatavuuden vuoksi. Erona on se, että tämä uusi laajeneminen kuluttaa resursseja, joita ei ole helposti saatavilla, vaan ne siirretään pois muilta toimialoilta, joilla kulutuskysyntä säilyy pitkälti ennallaan. Muutos ei siis johdu siitä, että talous siirtyisi tuotannonalalta toiseen tyydyttääkseen sitä, mitä kuluttajat kulloinkin arvostavat. Sen sijaan tuotantopääoman ja työvoiman kysyntä kasvaa *kokonaisuudessaan* yrittäjien perustaessa uutta tuotantoa keinotekoisesti matalamman korkotason innoittamina.

Kuluttaja-arvon näkökulmasta tarkasteltuna tämä noususuhdanne johtuu siitä, että virheellisen signaalin vuoksi lentoyhtiöihin ja lentomatkustuksen laajentumista tukeviin korkeamman vaiheen

[4] Suom. huom. – Virheinvestoinnit ovat investointeja, jotka paljastuvat jossain vaiheessa kannattamattomiksi, koska ne eivät tuota takaisin siihen sidottua (ja kulutettua) pääomaa.

tuotantoprosesseihin investoidaan liikaa *ja* muihin tuotannonaloihin näin ollen suhteellisesti liian vähän. Tällaisia keinotekoisia noususuhdanteita, jotka johtuvat luotonannon laajenemisesta, voi esiintyä pidemmissä tuotantohankkeissa laajemminkin. Tällaiset kokonaisvaltaiset virheinvestoinnit vääristävät talouden tuotantokoneistoa: tuotokset eivät enää vastaa sitä, mitä kuluttajat haluavat eniten (niin kuin yrittäjät ovat aiemmin kuvitelleet).

Käännekohta

Noususuhdanne on kestämätön, koska se koostuu suurelta osin *virhe*investoinneista, ei siksi, että talous kasvaa nopeasti. Kutsumme suhdannevaihtelua kestämättömäksi noususuhdanteeksi, jota seuraa väistämätön romahdus – kupla, joka sitten lopulta puhkeaa. Tämä ei ole sama asia kuin talouden kestävä kehitys. Näiden kahden vertailu auttaa ymmärtämään asiaa paremmin.

Tarkastellaan ensin kestävää kasvua. Edellä todettiin, että korko heijastaa pääoman saatavuutta tuotannollisiin investointeihin. Korko laskee, kun pääomaa on saatavilla enemmän ja korko nousee, kun pääomaa on saatavilla vähemmän. Korko laskee erityisesti silloin, kun kuluttajat eivät ole yhtä innokkaita ostamaan ja kuluttamaan hyödykkeitä nykyhetkessä ja säästävät mieluummin suuremman osan varallisuudestaan pitäen tulevaisuutta silmällä. Heidän *aikapreferenssinsä* on matalampi, mikä tarkoittaa, että heidän arvostuksensa muodostuvat pidemmällä aikavälillä – he painottavat tulevaisuutta aiempaa enemmän. Tämän seurauksena kulutushyödykkeitä tuottavat yrittäjät huomaavat laskevan kysynnän ja kannattavuuden heikkenevän, minkä takia heillä on kannustin supistaa toimintaansa ja etsiä muita mahdollisuuksia. Jotkut yrittäjistä saattavat lopettaa toimintansa. Tämä seurauksna yrittäjät vähentävät yleisesti kulutushyödykkeiden tuotantoa ja myyntiä.

Tämä vapauttaa tuotantopääomaa uusiin investointeihin, jotka ovat nyt mahdollisia ja yhä kannattavampia, koska lisääntyneet säästöt laskevat korkotasoa. Niinpä yrittäjät investoivat enemmän tuotantoprosesseihin, joista on tullut nyt mahdollisia ja aiempaa kannattavampia, koska lisääntyneet säästöt laskevat korkotasoa. Niinpä yrittäjät investoivat enemmän tuotantoprosesseihin, jotka tuottavat tulevaisuudessa myytäviä hyödykkeitä. Kaiken kaikkiaan tämä siirtää tuotantokapasiteettia nykyistä kulutusta palvelevasta tuotannosta tulevaisuudessa tapahtuvan kulutuksen tuotantoon. Yrittäjät reagoivat hintasignaaleihin ja luopuvat heikon kannattavuuden omaavasta tuotannosta ja pyrkivät saavuttamaan korkeamman tuotto-odotuksen tulevaisuuden tuotannosta. Tämä on täysin linjassa sen kanssa, että kuluttajat kuluttavat vähemmän ja säästävät enemmän (he lykkäävät kulutusta). Itse asiassa, tuotannon siirtymisessä on kyse tuotannon sopeuttamisesta sinne, missä sen odotetaan tuottavan enemmän hyötyä kuluttajille.

Kestämätön noususuhdanne on erilainen. Tällöin yrittäjät lisäävät investointejaan tuotantoon tulevaa kulutusta silmällä pitäen alennetun korkotason valossa. Toisin sanoen kuluttajakäyttäytymisessä ei ole tapahtunut vastaavaa muutosta – sen sijaan matalampi korkotaso vähentää kuluttajien säästämishalukkuutta (he saavat lykätystä kulutuksestaan pienempää korkoa) ja kannustaa siten kuluttamaan nykyhetkessä. Tämä aiheuttaa tuotantorakenteeseen jännitteitä nykyisen kulutuksen (joka kasvaa) ja tulevaa kulutusta (jonka odotetaan kasvavan) palvelevien investointien välillä.

Toisaalta nykyistä kulutusta palvelevan tuotannon parissa toimivat yrittäjät eivät huomaa kysynnän heikkenevän, koska kuluttajat eivät ole vähentäneet kulutusta. Heidän hyödykkeidensä kannattavuus ei laske, joten miksi heidän pitäisi supistaa toimintaansa? Näin ollen nämä yrittäjät jatkavat kilpailua tuotantopanoksista ja jatkavat niiden tilaamista.

Samaan aikaan matalampi korkotaso lisää investointeja tulevaa tuotantoa silmällä pitäen. Tuotannon ylemmissä vaiheissa kysyntä kasvaa huomattavasti, koska uusia tilauksia tulee sekä nykyisiä että tulevia kuluttajia palvelevilta tuotantoprosesseilta. Pidä mielessä, että kaikki tämä perustuu virheelliseen signaaliin. Hinnat nousevat hyvin korkeiksi, koska pääomaa ei ole tarjolla enempää, mutta ostajia on huomattavasti enemmän. Tätä kutsutaan joskus varallisuuserien hintakuplaksi.

Virheellinen signaali venyttää taloutta eri suuntiin, vaikka kilpailu uusien tulevaisuuteen suuntautuneiden ja vanhojen nykyhetkeen suuntautuneiden investointien välillä voi vaikuttaa hyvältä asialta. Tuotannontekijöiden hinnat nousevat, koska tuotannon korkeampiin vaiheisiin (aiemmassa esimerkissämme muun muassa lentokoneet, alumiini ja kaivostoiminta) tehdään liiallisia investointeja. Nämä hinnankorotukset perustuvat virheelliseen signaaliin ja ovat siksi irrallaan aidosta odotetusta tulevasta lentomatkustuksen kysynnästä. Näihin hinnankorotuksiin sisältyvät myös näiden tuotannon eri vaiheiden parissa toimivien työntekijöiden palkat, jonka vuoksi heillä on enemmän rahaa käytettävissä nykyiseen kulutukseen. Kulutuksen lykkäämiseen on heikommat kannustimet koron ollessa keinotekoisen matala. Näin ollen suurempi osa ansaitusta palkkatulosta, joka on nyt myös korkeampi noususuhdanteen vuoksi, menee kulutushyödykkeisiin, mikä lisää myös hyödykkeiden kysyntää nykyhetkessä.

Yhteenvetona voidaan todeta, että kestävä kasvu johtuu ja sitä tukee muutos kuluttajakäyttäytymisessä: kulutuksen kysynnän väheneminen nykyhetkessä tarjoaa enemmän pääomaa investointeihin tuotannon korkeammissa vaiheissa. Kestämättömässä noususuhdanteessa ei sitä vastoin tapahdu toivottua muutosta vaan pikemminkin *lisä*investointeja ilman tarpeellista tuotantopääomaa. Näin ollen tuotantorakenne heijastaa kulutushyödykkeiden suurempaa kysyntää *sekä* nykyhetkessä *että* tulevaisuudessa, mikä perustuu oletukseen, että käytettävissä on riittävästi pääomahyödykkeitä kaikkien näiden uusien tuotantohankkeiden loppuunsaattamiseksi. Toinen tapa ilmaista sama asia on sanoa, että keinotekoisen matalan korkotason huijaamien ja harhaanjohtamien yrittäjien toimien kautta talous sekä kuluttaa että investoi käytettävissä olevaa pääomaa. Pitäisi olla ilmeistä, että tämä ei ole mitenkään mahdollista. Tuotantopääomaa ei ole riittävästi molempien halujen edistämiseen.

Kestämätön noususuhdanne perustuu siis tuotantoon, joka vaatii resursseja, joita ei ole olemassa. Moniakaan näistä tuotantoprosesseista, erityisesti korkeammilla tuotantotasoilla (kaukana kuluttajista), ei kyetä viemään loppuun, koska tarvittavaa pääomaa on liian vähän. Tämä ei tarkoita sitä, että tehtailla ei yhtäkkiä enää olisikaan resursseja, vaikka puutteita ja pulaa voi ilmetä. Todennäköisempää on, että varallisuuserien hinnat kasvavat niin korkeiksi, että useimmat investoinnit eivät enää vaikutakaan yhtä kannattavilta kuin aiemmin. Yrittäjät huomaavat tällöin tehneensä huomattavia virheitä talouslaskelmissaan ja joutuvat luopumaan investoinneistaan.

Yrittäjien virheet ovat tavallinen osa markkinaprosessia, mutta virheet eivät yleensä aiheuta nousu- ja laskusuhdanteita. Suhdannevaihtelussa on ainutlaatuista se, että yrittäjien samanaikaisia virheitä on *valtava* määrä. Syynä on, kuten edellä todettiin, se, että yrittäjät ovat harhautuneet toimimaan ikään kuin heidän tuotantohankkeisiinsa olisi saatavilla pääomaa. Mutta sitä ei ole. Luoton laajentuminen, ei pääoman saatavuuden paraneminen, on laskenut koron tasolle, joka ei heijasta pääoman todellista saatavuutta investointeihin.

Tämä herättää kysymyksen siitä, miksi yrittäjät haluavat tulla huijatuiksi. Eivätkö he tajua, että korko on keinotekoisen matala? Ehkä he tietävätkin tämän. Mutta tällä seikalla ei ole merkitystä, koska he haluavat silti hyötyä matalammista lainakustannuksista. Miksi he eivät toteuttaisi hankkeita, joiden he odottavat olevan kannattavia? Kupla saattaa olla itse asiassa hyvinkin kannattava, vaikka yrittäjät tuntisivat suhdanneteorian kuin omat taskunsa ja ymmärtäisivät talouden olevan kuplautumassa. Se, että liiketoimintaa ei kasvateta kuplan paisuessa, on yhtä kuin voittojen jättäminen pöydälle muiden kaapattaviksi. Tämä ei ehkä kuulosta kovin suurelta haasteelta, mutta yritykseen sijoittaneet ovat todennäköisesti eri mieltä. Myöskään kilpailijoiden ei voida odottaa heikentävän voittojaan, joten toimimatta jättäminen voi tarjota niille mahdollisuuden kasvattaa markkinaosuuksiaan. Näin ollen laajentamatta jättäminen kuplan aikana on yrityksen liiketoiminnan vaarantamista.

Lisäksi kuplan aikana toimialalle hakeutuu jatkuvasti uusia yrittäjiä. Hintojen noustessa yhä useammat ihmiset huomaavat mahdollisuuden ansaita voittoja – ja syyn siirtyä uusiin tehtäviin. Näin ollen nousukausi houkuttelee sijoittajiksi niitä, jotka eivät muuten tulisi markkinoille (ainakaan tässä vaiheessa). Kokemattomuus viittaa siihen, että virheiden mahdollisuus kasvaa ja samalla virheinvestointien todennäköisyys on suurempi kuin muutoin olisi.

Korjaava Romahdus

Romahdukset ovat nopeita. Kuplan havaitseminen saattaa olla helppoa, mutta on vaikea tarkalleen ennustaa, milloin se puhkeaa. Varsinaisen käännekohdan voivat laukaista näennäisesti toisistaan riippumattomat tapahtumat, jotka aiheuttavat lisäkuormitusta tiettyihin virheinvestointeihin ja johtavat jossain vaiheessa niiden kaatumiseen. Tuotantokoneiston rasitteena on jo ennestään suuri kysyntä ja samalla korkeat hinnat, joten yksi epäonninen yritys voi helposti viedä mukanaan asiakkaat ja tavarantoimittajat, jotka eivät voi luottaa saavansa maksua suoritetuista palveluista. Tämä aiheuttaa vahinkojen ja konkurssien aallon, joka paljastaa talouteen pesiytyneiden virheinvestointien laajuuden.

Epäonnistuneiden investointien määrä, ja näin ollen kaatuneet yritykset ja menetetyt työpaikat aiheuttavat talouden romahtamisen. Huomattakoon kuitenkin, että laskusuhdanne ei ole tästä erillinen ilmiö: se on sisäänrakennettu noususuhdanteisiin, jonka investoinnit osoittautuvat kestämättömiksi. Tämän vuoksi puhumme nousu- ja laskusuhdanteiden kierrosta: noususuhdanteen aiheuttaneet virheinvestoinnit on purettava, jotta talous pääsisi takaisin jaloilleen. Noususuhdanne ei tällöin ole kestävää talouskehitystä ja laskusuhdanne ei ole vältettävissä; noususuhdanne ei ole todellista talouskasvua vaan illuusio. Kuluttajat odottivat jotain muuta. Yrittäjät tekivät investointeja, joiden motiivina eivät olleet todelliset arvo-odotukset, vaan joiden kynnystä madalsi vääristynyt signaali pääoman parantuneesta saatavuudesta: keinotekoisen matala korkotaso.

Talousromahdus vapauttaa pääomahyödykkeet, jotka ovat virheinvestointeja siinä mielessä, että ne eivät tosiasiallisesti palvele kuluttajia. Romahduksen myötä pääomahyödykkeet voidaan investoida sinne, missä niistä on enemmän hyötyä. Toisin sanoen muut yrittäjät saavat tilaisuuden hankkia pääomaa, jonka avulla ne voivat pyrkiä luomaan kuluttajia hyödyttävää arvoa – epäonnistumiset ja konkurssit ovat välttämättömiä, jotta virheinvestoinnit paljastuisivat ja ne korvattaisiin järkevillä tuotannollisilla investoinneilla.

Korkotason on kuitenkin annettava nousta, jotta romahdus tarjoaa mahdollisuuden palauttaa järkevän tuotannon uomiinsa. Jos korkotaso pidetään keinotekoisen matalana, se vain pitkittää väistämätöntä korjausprosessia, koska myös uudet yrittäjät tulevat virheellisten hintasignaalien huijaamiksi ja rakenteelliset virheet säilyvät osana taloutta.

9

SÄÄNTELYINTERVENTIO

Sääntelyllä tarkoitamme rajoituksia, joita valtiovalta asettaa taloudelle: kieltoja, lupavaatimuksia, laatu- ja turvallisuusstandardeja, toimilupia, hintasääntelyä, kiintiöitä, tukiaisia ja niin edelleen. Vaikka ne eroavat yksityiskohdiltaan ja julistetuilta tarkoitusperiltään, sääntelyjä toimeenpannaan talouden muutoksen aikaansaamiseksi.

Jos säädökset eivät muuta mitään, ne ovat tehottomia. Tämä johtuu siitä, että erityisiä rajoituksia ei kyetä soveltamaan tai niitä ei toimeenpanna käytännössä. Olennaista on kuitenkin se, että kaikkien säädösten *tarkoituksena* on saada aikaan jokin muutos ja että niillä on merkitystä vain, jos ja kun ne saavat aikaan (haluttua) muutosta. Tehokkaat sääntelytoimet, olipa niiden avulla saatu aikaan haluttu tulos tai ei, muuttavat käyttäytymistä ja siten talouden rakennetta.

Jotkin säädökset koskevat tuottajia, kun taas toiset kohdistuvat kuluttajakäyttäytymiseen. Ensin mainituilla voidaan luoda lisäkustannuksia tai kieltoja joillekin tuottajille tai alentaa keinotekoisesti toisten toimijoiden kustannuksia. Tarkoituksena on muuttaa toteutettavien tuotantohankkeiden tyyppejä ja siten kuluttajille tarjolla olevaa hyödykkeiden repertuaaria. Jälkimmäisillä pyritään muuttamaan kuluttajakäyttäytymistä, mikä puolestaan vaikuttaa tuottajiin, koska niiden on vastattava kysynnän muuttuneeseen luonteeseen ja rakenteeseen. Molemmissa tapauksissa tuloksena on siis talouden tuotantorakenteen muutos.

Tiedämme, että tuotantorakenteen määräävät yrittäjät, jotka pyrkivät tekemään voittoa kuluttajien tarpeiden tyydyttämisellä (katso kirjan viides luku). Sääntelyn tehokkuus edellyttää, että se vaikuttaa yrittäjien käyttäytymiseen ja saa heidät muuttamaan tuotantohankkeidensa lähtökohtia. Havaittavissa oleva lopputulos (*näkyvä*), mitä sen seurauksena ei tapahtunut (kontrafaktuaalinen tai *näkymätön*), ja pidemmän aikavälin vaikutukset (*toteutumaton*) ovat keskeisiä sääntelyn vaikutusten ymmärtämisessä.

Näkyvä

Havaittavissa oleva maailma on ilmeinen lähtökohta sääntelyn vaikutusten tarkastelulle, mutta se voi osoittautua myös harhaanjohtavaksi. Se on ilmeistä, koska se on sitä, mitä voimme nähdä ja mitata. Havaittavan tutkiminen johtaa kuitenkin myös virheisiin ja ennenaikaisiin päätelmiin, sillä vaikka todellinen talous – sen *synnyttämä data* – näyttää paljastavan suoraviivaisia tosiasioita sääntelyn vaikutuksista, todellisuudessa tämä ei pidä paikkaansa.

Maailmassa, jossa uusi sääntely on *ainoa* tapahtunut muutos, talouden tilaa ennen ja jälkeen sääntelyn on helpompi vertailla. Tämän ansiosta voimme sitten arvioida sääntelyn vaikutuksia. Markkinat ovat jatkuvassa muutoksessa oleva prosessi, joten sääntely *ei* selvästikään ole ainoa muutos, vaan se on markkinoiden jatkuvaan kehittymiseen ja kehitykseen liittyvä pakko.

Tarkastellaan esimerkiksi vähimmäispalkkaa ("minimipalkkaa") koskevia seikkoja. Vähimmäispalkka asettaa markkinoilla palkkojen hintalattian. Tällaisen sääntelyn tehokkuuden varmistaminen edellyttää, että siinä säädetyn palkan on oltava korkeampi kuin mitä työnantajat jo maksavat työntekijöilleen. Jos markkinapalkka on 10 euroa tunnissa, vähimmäispalkan on edellytettävä, että työnantajat maksavat hieman korkeampaa palkkaa. Työnantajille on määrättävä lisäksi rangaistus tai heitä on kiellettävä maksamasta lakiin kirjattua palkkaa alhaisempaa palkkaa.

Jos säädetty vähimmäispalkkalaki edellyttää työnantajien maksavan 14 euroa tunnilta, siitä tulee avointen markkinoiden palkka. Kaikki muu olisi laitonta. Näin ollen ennen ja jälkeen -vertailut antaisivat sen vaikutelman, että ihmiset ansaitsevat enemmän rahaa vähimmäispalkkalakien käyttöönoton jälkeen. Mutta onko asia todella näin? Tämän selvittämiseksi on myös pohdittava, mikä olisi ollut tilanne, jos vähimmäispalkkavaatimusta ei olisikaan asetettu – kontrafaktuaali eli näkymätön.

Näkymätön

"Näkymättömällä" viitataan tarinan "toiseen puoleen" eli siihen, mitä muuten olisi tapahtunut. Sitä ei kuitenkaan tapahdu, joten emme voi mitata tai todeta sitä. Silti se on minkä tahansa toiminnan tai valinnan hinta. Jos valitsen syöväni illallisella pihviä, luovun kaikista muista ruokailumahdollisuuksista pihvin sijaan. Näiden mahdollisuuksien korkein arvo on valinnan taloudellinen kustannus eli maksamme vaihtokaupan menetetyn arvon muodossa.

Ilman kontrafaktuaalista vaihtoehtoa tarkastelemme vain oletettua hyötyä, mutta emme ota huomioon kustannuksia. Näin tarkastelutavasta tulee yksipuolinen, ja vaarana on, että jotain tärkeää jää huomaamatta. Emme myöskään kykene määrittämään, oliko valinta hyvä vai huono. Oliko se *sen arvoista*? Meidän on tiedettävä kustannukset, jotta tähän kysymykseen voidaan vastata.

Tämä pätee myös edellä mainitussa esimerkissä mainitun vähimmäispalkan kaltaisiin säännöksiin. Vähimmäispalkan tyypillinen tarkoitus on kasvattaa työntekijöiden palkkoja. Pelkästään näkyvän hyödyn huomioiminen saisi sääntelyn vaikuttamaan onnistuneelta, koska vähimmäispalkan käyttöönoton jälkeen ei olisi enää ketään, joka tienaisi tunnissa alle 14 euroa. Tämä olisi ennenaikainen johtopäätös, koska emme ole vielä tarkastelleet näkymätöntä.

Meidän on siis kysyttävä, mitä olisi tapahtunut, jos vähimmäispalkkaa ei olisi lainsäädännöllä pakotettu. On tärkeää tunnustaa, että vähimmäispalkka ei maagisesti nosta palkkoja, vaan pakottaa työnantajat pidättäytymään palkkaamasta ketään säädettyä vähimmäispalkkaa pienemmällä hinnalla. Tämä ei ole sama asia kuin työntekijöiden palkkojen nostaminen.

Tarkastellaan esimerkkiä työnantajasta, jolla on ennen vähimmäispalkan käyttöönottoa kolme työntekijää. Heille maksetaan 7, 10 ja 16 euroa tuntipalkkaa. Syy heidän erilaisiin palkkoihinsa on se, että heidän työnantajallensa antaman panoksen arvo ei ole sama. Työntekijä, jolle maksetaan 7 euron tuntipalkkaa, on työharjoittelussa ja opettelee ammattiin, mikä selittää hänen matalan palkkansa. Työntekijästä tulee arvokkaampi työnantajalle hänen kouluttautuessa ja oppiessa, joten hänen on ainakin lupa odottaa saavansa tulevaisuudessa korkeampaa palkkaa. Työntekijä, jolle maksetaan 16 euron palkkaa, on ainutlaatuiset taidot, jotka ovat erityisen tärkeitä työnantajan tuotannolle, joten hänen panoksensa on suurempi. Tällä työntekijällä on varaa valita ja hän saattaa siirtyä toisen työnantajan palvelukseen, jos hänelle maksettaisiin matalampaa palkkaa. Työntekijällä, joka ansaitsee 10 euroa, ei ole työkokemuksen lisäksi muuta erityisosaamista, ja siksi hän saa tavanomaisten työntekijöiden markkinapalkkaa, joka vastaa hänen panostaan tuotantoprosessissa.

Työantaja ei olisi halukas maksamaan kenellekään näistä työntekijöistä enempää kuin mitä he vaikuttavat arvontuotantoon. Heidät palkataan, koska he edistävät arvontuotantoa, eivät siksi, että he kuluttaisivat sitä. Minkä tahansa nykyistä korkeamman palkan maksaminen työntekijöille olisi hyväntekeväisyyttä eli kulutusta, ei tuotantoa. Työntekijät eivät myöskään ansaitse vähempää kuin heidän arvontuottonsa, koska jos tilanne olisi näin heikko, muut työnantajat voisivat kannattavasti palkata nämä työntekijät korkeammalla palkalla.

Oletetaan nyt, että 14 euron vähimmäispalkkalainsäädäntö otetaan käyttöön. Tämä tarkoittaa, että työnantaja ei saa enää maksaa kenellekään alle 14 euroa tunnilta. Työnantajan on päätettävä, kaksinkertaistetaanko vielä koulutettavan työntekijän palkka ja nostetaanko 10 euron tuntipalkasta nauttivan työntekijän palkkaa lähes puolella. Tämä ei vaikuta suoraan kolmanteen työntekijään, joka ansaitsee jo 16 euroa tunnilta. Työnantaja todennäköisesti irtisanoo koulutettavan työntekijän, koska hänen tuottavuutensa on matalampi kuin tavallisen työntekijän, mutta hänen työpanoksensa hinta on nyt sama.

Työnantajalla ei ole varaa yksinkertaisesti korottaa 10 euron tuntipalkkaa, koska hänen panoksensa on yli 10 mutta alle 14 euroa. Tuotantoprosessia muokkaamalla, työntekijöiden etuja leikkaamalla ja muista eduista – kuten iltapäiväkahvitauoista – luopumalla, työntekijä on mahdollista pitää työssä aiempaa korkeammalla 14 euron palkalla. Ainakin toistaiseksi.

Työnantaja siis maksoi keskimäärin 11 euroa tuntipalkkaa ennen uuden lainsäädännön voimaantuloa ja 15 euroa sen jälkeen. Ilmeinen voitto! Lainsäädäntö toimii. Se nosti työntekijöiden palkkatasoa lähes taianomaisesti.

Näkymätön todellisuus on kuitenkin toisenlainen. Jos taloudessa ei olisi tapahtunut mitään, mikä olisi muuttanut työntekijöiden tuottavuutta tai yrityksen kannattavuutta, kolme työntekijää työskentelisi yhteensä 33 euron tuntipalkalla. Nyt työntekijöitä on sen sijaan kaksi ja heidän tuntihintansa on yhteensä 30 euroa. Lisäksi pienempipalkkainen työntekijä tekee nyt enemmän töitä perustellakseen korkeamman palkkatasonsa.

Oliko uusi vähimmäispalkkalainsäädäntö tarpeellinen? Taloustiede ei voi vastata tähän kysymykseen, koska siihen sisältyy arvolataus. Se voi kuitenkin määrittää sääntelyn lopputulemia ja siten osoittaa, onko sääntely täyttänyt lupauksensa työntekijöiden palkkojen nostamisesta (yhden työntekijän osalta se täytti lupauksensa, mutta kolmannen työntekijän irtisanominen oli seurausta). Tarinassa on muutakin, sillä nähty ja näkymätön vaikuttavat vain nykyhetkessä. Talous on prosessi, kuten nyt viimeistään huomaamme – maailma, jossa elämme tänään, vaikuttaa myös tulevaisuuteen.

Toteutumaton

Markkinat ovat prosessi. Tämä havainto tarjoaa lisätietoa sääntelyn todellisesta vaikutuksesta talouteen näkyvän ja näkymättömän lisäksi. Jatketaan vähimmäispalkkaesimerkin käsittelyä ja tarkastellaan logiikkaa syvemmin vaihe vaiheelta ilman sääntelyä ja sääntelyn vallitessa.

Vähimmäispalkka on voimassa, joten koulutettava työntekijä irtisanotaan. Sen sijaan, että hän olisi ansainnut rahaa ja saanut lisäkokemusta urallaan edistymiseksi, nuori työntekijä etsii nyt uutta työpaikkaa. Kaikkien työnantajien on kuitenkin pakko maksaa 14 euroa tunnilta, joten kynnys saada työtä on huomattavasti aiempaa jyrkempi. Kouluttamattomana juuri uraansa aloitteleva työntekijä ei saa töitä, jossa hänen panoksensa tuloksen suhteen olisi vähintään yhtä suuri, ja koska hän ei myöskään kykene hankkimaan kokemusta tuottavuutensa kasvattamiseksi, hän jää työttömäksi.

Samaan aikaan työpaikkansa säilyttäneet työntekijät ovat yhä turhautuneempia. Parhaiten palkattu työntekijä saattaa tuntea itsensä epäreilusti kohdelluiksi, koska hän ei ole saanut palkankorotusta, kun taas heikommin tuottava kollega sai 40 prosentin palkankorotuksen ilman järkevää syytä. Nyt myös suorituspaineet ovat suuremmat, ja ammattitaitoisemman työntekijän odotetaan auttavan vähemmän ammattitaitoista työntekijää, jotta tuotanto olisi mahdollisimman kitkatonta. Tilanne oli parempi, kun työntekijöitä oli kolme, vaikka kolmas työntekijä vasta opetteli työtehtäviään. Nyt kaksi jäljelle jäänyttä työntekijää kamppailee tuottaakseen sen, minkä kolme heistä tuotti vailla sen suurempaa tuskaa ennen vähimmäispalkkalainsäädännön voimaantuloa.

Ammattitaitoinen työntekijä puolestaan uskoo ansainneensa palkankorotuksen ja on katkera siitä, että hän on menettänyt joitakin etuja, joista hän aiemmin nautti. Hän muistaa työpäivät, kun hän saattoi pitää kahvitauon, jutella työtoverien kanssa niitä näitä, rentoutua ja purkaa stressiä. Nyt on vaikeampi pysyä mukana, ja ammattitaitoinen työntekijä tuntee itsensä uupuneeksi viikonlopun lähestyessä. Hänelle on lisäksi sanottu, että palkankorotuksia ei ole luvassa ainakaan lähitulevaisuudessa, koska hänen tuottavuutensa ei riitä oikeuttamaan nykyistä korkeampaa palkkatasoa.

Tämä on 14 euron vähimmäispalkan *näkyvä* tilanne.

Kontrafaktuaalisessa maailmassa, jossa vähimmäispalkkaa ei ole, kaikki kolme työntekijää pysyvät töissä. Aluksi heille maksetaan samaa palkkaa kuin ennenkin eli 7, 10 ja 16 euroa tunnilta. Vielä kouluttautuvan työntekijän tuottavuus kasvaa hänen hankkiessa lisäkokemusta, joten työnantaja nostaa hänen palkkaansa ensin 8 euroon ja sitten 10 euroon, kun hän on yhtä tuottava kuin muut työmarkkinoilla olevat perustyöntekijät. Miksi työnantaja nostaisi hänen palkkaansa? Portaittaisista korotuksista on saatettu sopia jo aiemmin. Tai ehkä työnantaja maksaa työntekijälle reilua palkkaa, koska muuten hän saattaisi hakeutua töihin johonkin muualle.

Myös kahden muun työntekijän tuottavuus paranee ja he saavat palkankorotukset. Työnantajalla on tähän varaa, koska hänen ei tarvinnut korottaa yhden työntekijän palkkaa 40 prosentilla, mutta myös siksi, että työntekijät tuottavat enemmän arvoa. Työntekijöille maksetaan korkeampaa palkkaa, koska he tuottavat enemmän arvoa ja edistävät siten yrityksen ja yhteiskunnan yhteistä vaurautta, kukoistusta ja hyvinvointia. Pian heille maksetaan siis 10, 12 ja 17 euroa tunnilta – yhteensä 39 euroa tunnilta eli puhutaan 18 prosentin palkankorotuksesta, jonka kolmen työntekijän kasvanut tuotanto lopulta maksaa.

Mutta tämä ei ole vielä koko tarina. Kolmen työntekijän ansaitsemat palkat ovat heidän ostovoimaansa, jolla he ostavat markkinoilta muiden tuottamia hyödykkeitä. Työntekijöiden kysyntä, joka on seurausta heidän panoksestaan tarjontaan, on muiden yritysten liikevaihtoa.

Nyt näemme, että näkyvän ja näkymättömän – sääntelyn kustannukset – ero ei ole pelkästään yksi työtön työntekijä. Kyse on välittömästä vaikutuksesta, joka vähentää kokonaistuotantoa, mutta kasvattaa rajapalkkaa ja tuotantoa (poistamalla tuottavuudeltaan matalimmin työntekijän työmarkkinoilta). Samalla menetetään kuitenkin myös se kokemus, jonka tämä työntekijä olisi hankkinut töissä, ja näin ollen hänen tuottavuutensakin – joka olisi saattanut kasvaa ajan mittaan – menetetään myös. Hänen tulevat työpaikkansa ja kenties koko ura menetetään. Myös hänen kasvanut tuotantonsa menetetään ja siten arvo, jonka hän olisi saattanut luoda kuluttajille, jotka eivät kykenekään ostamaan näitä tulevaisuuden hyödykkeitä.

Toteutumatta jäävät kaikki ne arvokkaat mahdollisuudet, jotka eivät koskaan toteudu sääntelyn vuoksi: niiden hyödykkeiden arvo, jotka olisi tuotettu, harjoittelijan ura, työntekijöiden hyödykkeiden kysyntä ja niin edelleen. Talous on yleisesti ottaen matalamman arvon kehityskaarella, mikä tarkoittaa, että menetys on kaikki se arvo, joka olisi muuten saatu.

Tämän ei pitäisi tulla yllätyksenä, koska vapaiden markkinoiden (epätäydellistä) tuotantoa ohjaavat yrittäjät, jotka pyrkivät tekemään voittoa kuluttajia palvelemalla. Tämän järjestyksen häiriintyessä yrittäjät eivät kykene käyttämään niukkoja resursseja arvokkaimmalla tavalla. Tämä tarkoittaa, että tuottavimmat hankkeet – mukaan lukien niiden luomat työpaikat, joiden palkat perustuvat odotettuun arvonlisään, *ja* kuluttajille tarjottavat arvokkaimmat hyödykkeet – menetetään. Toteutumattomat mahdollisuudet ovat sääntelyn todelliset kustannukset, ja ne ovat valitettavasti paljon suuremmat kuin näkymättömät kustannukset.

10

Johtopäätökset

Toiminta ja vuorovaikutus

Markkinataloudessa ei ole mitään taianomaista. Olen pyrkinyt osoittamaan markkinoiden olevan varsin todelliset ja arkipäiväiset. Ne toimivat tietyllä ja tunnetulla tavalla; ne käyttäytyvät tietyllä tavalla, joka on seurausta ihmisten toiminnasta ja vuorovaikutuksesta.

Me kutsumme tätä käyttäytymistä *taloudellisiksi laeiksi*, jotka ovat lakeja samassa merkityksessä kuin fysiikan lait. Niitä ei voi mitenkään välttää. Ne ovat muuttumattomia.

Arvostelijat väittävät, että markkinoilla ei ole luonnetta, taloudellisia lainalaisuuksia ei ole olemassa ja etteivät taloudelliset lainalaisuudet päde aina. Joskus he väittävät markkinoiden olevan suunniteltuja tai että ne on suunniteltava, ja että markkinat toimivat "institutionaalisessa tyhjiössä". Tämä on kuitenkin väärinkäsitys. Muuttuvat olosuhteet muuttavat markkinaprosessin *lopputulemia*. Huolimatta siitä millaisessa institutionaalisessa ympäristössä ne toimivat, markkinaprosessi itsessään ei muutu.

Tuotetut tavarat ja palvelut, työmahdollisuuksien määrä, luodun arvon jakautuminen ja niin edelleen, eivät johdu *yksinomaan* taloudellisista laeista. Mutta taloudelliset lait varmuudella koskettavat niitä. Jos kaikki muut tekijät pysyvät ennallaan, hyödykkeen korkeampi hinta tarkoittaa, että sitä myydään vähemmän kuin muuten myytäisiin. Tämä ei tarkoita, että muilla tekijöillä ei olisi merkitystä.

Jos esimerkiksi valtio vaatisi kaikkia ostamaan jotain hyödykettä tiettyyn aikaan vuodesta, kysyntä kasvaisi, vaikka hyödykkeen hinta nousisi samalla. Samoin kävisi, jos asetetun erityisvaatimuksen sijaan uusi villitys saisi monet ihmiset ostamaan kyseistä hyödykettä innokkaasti. Kummassakaan tapauksessa taloudellisia lakeja ei rikota tai suljeta pois. Molemmat lopputulokset ovat pitkälti taloudellisten lakien mukaisia, mutta riippuvaisia erityisestä muutoksesta.

Meidän *täytyy* ymmärtää taloudellisia lakeja, jotta voimme ymmärtää markkinataloutta ja markkinaprosessin kehitystä. Vain laadukkaan taloudellisen järkeilyn avulla voimme todentaa talouden todellisen toiminnan ja ymmärtää markkinaprosessia. Olen onnistunut tavoitteessani, jos sinä ymmärrät tämän asian.

Konkreettisia lopputulemia on mahdotonta ymmärtää – ennustamisesta puhumattakaan – ellei ensin ymmärretä markkinoiden toimintaa. *Talouslukutaito* on siis välttämätön lähtökohta tehokkaalle poliittiselle päätöksenteolle. Sääntelyssä, jota käsittelimme yhdeksännessä luvussa, on otettava huomioon taloudelliset lainalaisuudet.

Jos emme ymmärrä markkinataloutta, emme myöskään voi ymmärtää, millaisia vaikutuksia sääntelyllä on – ja on todennäköistä, että tällöin sääntely ei ole vain tehotonta vaan myös tuhoisaa.

Talouslukutaito on vastalääke tuhoisaa politiikkaa vastaan. Mutta se on paljon muutakin. Talouslukutaito on mieltä avartavaa, koska sen avulla voimme ymmärtää, miten maailma toimii.

Suositeltavaa lisälukemista

Lukuissa alla olevista teoksista ovat saatavilla maksutta verkosta. Lisälukemistoon on lisätty lukuisia mielenkiintoisia ja syventäviä teoksia, joita Bylundin alkuperäisessä painoksessa ei ole nostettu esille. Kirjallisuutta on valittu sekä vasta-alkavien että jo pidemmälle ehtineiden erilaiset tarpeet huomioiden.

ALOITTELIJAYSTÄVÄLLISIÄ

Ammous, Saifedean. *Principles of Economics*. Amman, Jordania: The Saif House, 2023.

Bastiat, Frédéric. *Näkyvä ja näkymätön* (1850). Suom. Petri Kajander. Saatavilla: https://www.taloudenperusteet.com/kirjoja/kirjoituksia-taloudesta/mita/

Bylund, Per L. *The Seen, the Unseen, and the Unrealized: How Regulations Affect Our Everyday Lives*. Lanham, MD: Lexington Books, 2016.

Callahan, Gene. *Economics for Real People: An Introduction to the Austrian School*. Auburn, AL: Ludwig von Mises Institute, 2002.

Cox, Jim. *Ytimekäs opas talouteen*. Käänt. Petri Kajander. Helsinki: Credentum, 2013.

DiLorenzo, Thomas J. *The Politically Incorrect Guide to Economics*. Washington, DC: Regnery Publishing, 2022.

Dolan, Edwin G. *The Foundations of Modern of Modern Austrian Economics*. Kansas City, MO: Sheed & Ward, 1976.

Hazlitt, Henry. *Talous yhdeltä istumalta*. Helsinki: Eetos Kustannus. Saatavilla: https://www.taloudenperusteet.com/kirjoja/hazlitt/

Horwitz, Steven. *Austrian Economics: An Introduction*. Washington, DC: Cato Institute, 2020.

Murphy, Robert P. *Choice: Cooperation, Enterprise, and Human Action*. Oakland, CA: Independent Institute, 2015.

Schulak, Eugen Maria & Unterköfler, Herbert. *The Austrian School of Economics: A History of Its Ideas, Ambassadors, and Institutions*. Käänt. Arlene Oost-Zinner. Auburn, AL: Ludwig von Mises Institute, 2011.

Shand, Alexander. *The Capitalist Alternative: An Introduction to Neo-Austrian Economics*. New York: New York University Press, 1984.

Taylor, Thomas C. *An Introduction to Austrian Economics*. Auburn, AL: Ludwig von Mises Institute, 2020.

TALOUSTIETEEN PERUSTEOKSIA

Fetter, Frank A. *Economics*, 1. ja 2. osa. New York, NY: The Century, 1922.

Menger, Carl. *Principles of Economics.* Käänt. James Dingwall & Bert F. Hoselitz. Auburn, AL: Ludwig von Mises Institute, 2007.

Mises, Ludwig von. *Human Action: A Treatise on Economics, The Scholar's Edition*. Auburn, AL: Ludwig von Mises Institute, 1998.

O'Driscoll, Gerald P. & Rizzo, Mario J. *Austrian Economics Re-examined: The Economics of Time and Ignorance*. New York, NY: Routledge, 2015.

Rothbard, Murray N. *Man, Economy, and State: A Treatise on Economic Principles*. Kaksiosainen teos. Princeton, NJ: D. Van Nostrand, 1962.

YRITTÄJYYS JA TALOUSKASVU

Bylund, Per L. *The Problem of Production: A New Theory of the Firm*. Lontoo: Routledge, 2016.

Foss, Nicolai J. & Peter G. Klein. *Organizing Entrepreneurial Judgment: A New Approach to the Firm*. Cambridge, UK: Cambridge University Press, 2015.

Harper, David A. *Entrepreneurship and the Market Process: An Enquiry Into the Growth of Knowledge*. Lontoo: Routledge, 1989.

Harper, David A. *Foundations of Entrepreneurship and Economic Development*. Lontoo: Routledge, 2003.

Kirzner, Israel M. *Competition and Entrepreneurship*. Chicago, IL: University of Chicago Press, 1973.

Machaj, Mateusz. *A Market Process Theory of the Firm An Alternative to the Neoclassical Model*. Lontoo: Routledge, 2021.

Ritenour, Shawn. *The Economics of Prosperity: Rethinking Economics Growth and Development*. Cheltenham, Iso-Britannia: Edward Elgar, 2023.

Salin, Pascal. Competition, Coordination and Diversity: From the Firm to Economic Integration. Cheltenham, Iso-Britannia: Edward Elgar, 2015.

Salin, Pascal. *Competition and Free Trade*. Lontoo: Routledge, 2017.

Sautet, Frédéric E. *An Entrepreneurial Theory of the Firm*. Lontoo: Routledge, 2000.

Schumpeter, Joseph A. *Theory of Economic Development: An Inquiry into Profits, Capital, Credit, Interest, and the Business Cycle*. Käänt. Redvers Opie. Cambridge, MA: Harvard University Press, 1934.

Yu, Fu-Lai Tony. *Firms, Strategies and Economic Change Explorations in Austrian Economics*. Cheltenham, Iso-Britannia: Edward Elgar, 2005.

Yu, Fu-Lai Tony. *New Perspectives on Economic Development: A Human Agency Approach*. Hollanti: Wageningen Academic, 2011.

TALOUSLASKENTA JA SOSIALISMI

Boettkel, Peter J. *Socialism and the Market The Socialist Calculation Debate Re-visited*. Lontoo: Routledge, 1999.

Boettke, Peter J. *Calculation and Coordination: Essays on Socialism and Transitional Political Economy*. Lontoo: Routledge, 2001.

Hayek, Friedrich A. (toim.) *Collectivist Economic Planning*. Lontoo: Routledge & Kegan Paul, 1935.

Hoff, Trygve J. B. *Economic Calculation in the Socialist Society*. Indianapolis, IN: Liberty Press, 1981.

Hoppe, Hans-Hermann. *A Theory of Socialism and Capitalism*. Boston, MA: Kluwer Academic Publishers, 1989.

Huerta de Soto, Jesús. *Socialism, Economic Calculation, and Entrepreneurship*. Käänt. Melinda Stroup. Cheltenham, UK: Edward Elgar, 2010.

Kuznicki, Jason. *The Socialist Calculation Debate: In Seach of a Planned Society*. Washington, DC: Cato Institute Press, 2014.

McCaffrey, Matthew: *The Economics Theory of Costs: Foundations and New Directions*. Abingdon, Iso-Britannia: Routledge, 2018.

Mises, Ludwig von. *Socialism: An Economic and Sociological Analysis*. Käänt. J. Kahane. Uusi painos. New Haven, CT: Yale University Press, 1951.

Sowell, Thomas. *Knowledge and Decisions*. New York, NY: Basic Books, 2022 [1980].

Steele, David Ramsay. *From Marx to Mises: Post-Capitalist Society and the Challenge of Economic Calculation*. LaSalle, IL: Open Court,

1992.

RAHA-, PANKKI- JA KORKOTEORIA

Ammous, Saifedean. *Bitcoin-standardi: Kohti avointa rahajärjestelmää*. Suom. Niko Laamanen ym. Sastamala: Konsensus Network, 2019.

Bagus, Philipp. *Euro eksyksissä: Yhteisvaluutta nykymuodossaan on itsetuhoinen järjestelmä*. Suom. Ilkka Terho. Helsinki: Eetos Kustannus, 2011.

Bagus, Philipp. *In Defense of Deflation*. Cham, Sveitsi: Springer, 2015.

Boettke, Peter J., Salter, Alexander William & Smith, Daniel J. *Money and the Rule of Law: Generality and Predictability in Monetary Institutions*. Cambridge, Iso-Britannia: Cambridge University Press, 2021.

Dowd, Kevin. *Laissez-faire Banking*. Lontoo: Routledge, 1993. Dowd, Kevin, 2001, *Money and the Market*, New York, NY: Routledge, 2001.

Godart-van der Kroon, Anette & Vonlanthen, Patrik (toim.) *Banking and Monetary Policy from the Perspective of Austrian Economics*. Cham, Sveitsi: Springer, 2018.

Hayek, Friedrich A. *Denationalisation of Money: The Argument Refined*. 3. painos. Lontoo: The Institute of Economic Affrairs, 1990.
Howden, David & Salerno, Joseph T. (toim.) *The Fed at One Hundred: A Critical View on the Federal Reserve System*. New York, NY: Springer,

2014.

Hülsmann, Jörg Guido. *The Ethics of Money Production*. Auburn, AL: Ludwig von Mises Institute, 2008.

Lavoie, Donald. *Rivalry and Central Planning: The Socialist Calculation Debate Reconsidered*. Cambridge, UK: Cambridge University Press, 1985.

Menger, Carl. *On the Origins of Money*. Käänt. C. A. Foley. Auburn, AL: Ludwig von Mises Institute, 2009.

Mises, Ludwig von. *Bureaucracy*. New Haven, CT: Yale University Press, 1944.

Mises, Ludwig von. *The Theory of Money and Credit*. Käänt. J. E. Batson. Auburn, AL: Ludwig von Mises Institute, 2009.

Murphy, Robert P. *Understanding Money Mechanics*. Auburn, AL: Mises Institute, 2021.

Rothbard, Murray N. *The Mystery of Banking*. 2. painos. Auburn, AL: Ludwig von Mises Institute, 2008.

Rothbard, Murray N. *Mitä valtio on tehnyt rahallemme? [Mitä on raha?]*. 5. painos. Helsinki: Lumo, 2009 [1963].
Saatavilla: https://www.taloudenperusteet.com/ kirjoja/raha/

Salerno, Joseph T. *Money: Sound and Unsound*. Auburn, AL: Ludwig von Mises Institute, 2010.

Salin, Pascal. *The International Monetary System and the Theory of Mo-*

netary Systems. Cheltenham, Iso-Britannia: Edward Elgar, 2016.

Schlichter, Detlev S. *Paper Money Collapse: The Folly of Elastic Money*. 2. painos. New York: Wiley. Sechrest, Larry J. *Free Banking: Theory, History, and the Laissez-Faire Model* .Westport, CT: Quorum Books, 1993.

Selgin, George A. *The Theory of Free Banking: Money Supply Under Competitive Note Issue*. Totowa, NJ: Rowman and Littlefield, 1988.

Sierón, Arkadiusz. *Money, Inflation and Business Cycles: The Cantillon Effect and the Economy*. Abingdon, Iso-Britannia: Routledge, 2019.

Sierón, Arkadiusz. *Money, Monetary Policy after the Great Recession*. Abingdon, Iso-Britannia: Routledge, 2022.

Vihanto, Martti. *The Austrian Theory of Free Monetary Institutions*. Turun kauppakorkeakoulu, 1988.

Zelmanovitz, Leonidas. *The Ontology and Function of Money: The Philosophical Fundamentals of Monetary Institutions*. Lanham, MD: Lexington Books, 2016.

PÄÄOMATEORIA JA TUOTANTO

Buchanan, James M. *Cost and Choice*. Chicago, IL: Markham Publishing, 1969.

Böhm-Bawerk, Eugen von. *Capital and Interest: A Critical History of Economical Theory*. Käänt. William Smart. Lontoo: Macmillan, 1890.

Fetter, Frank A., *Capital, Interest, and Rent: Essays in the Theory of Distribution*. Kansas City, MO: Sheed Andrews and McMeel, 1977.

Garrison, Roger W. *Time and Money: The Macroeconomics of Capital Structure*. Lontoo: Routledge, 2000.

Hayek, Friedrich A. *Prices and Production*. 2. painos. New York, NY: Augustus M. Kelly, 1935.

Hayek, Friedrich A. *The Pure Theory of Capital*. Auburn, AL: Ludwig von Mises Institute, 2009.

Kirzner, Israel M. *An Essay on Capital*. New York, NY: Augustus M. Kelley, 1996.

Lachmann, Ludwig M. *Capital and Its Structure*. Kansas City, MO: Sheed Andrews and McMeel, 1978.

Lewin, Peter. *Capital in Disequilibrium: The Role of Capital in a Changing World*. Abingdon, Oxfordshire, UK: Routledge, 1998.

Lewin, Peter & Cachanosky, Nicolas. *Austrian Capital Theory: A Modern Survey of the Essentials*. Cambridge, Iso-Britannia: Cambridge University Press.

Skousen, Mark. *The Structure of Production*. New York, NY: New York University Press, 2015 [1990].

Strigl, Richard von. *Capital & Production*. Käänt. Margaret Rudelich Hoppe & Hans-Hermann Hoppe. Auburn, AL: Ludwig von Mises Institute, 2000.

Zelmanovitz, Leonidas. *The Representational Theory of Capital: Property Rights and the Reification of Capital*. Lanham, MD: Lexington Books, 2020 [1934].

SUHDANNEVAIHTELUT

Bagus, Philipp & Howden, David. *Deep Freeze: Iceland's Economic Collapse*. Auburn, AL: Ludwig von Mises Institute, 2011.

Ebeling, Richard M., ed. *The Austrian Theory of the Trade Cycle and Other Essays*. Auburn, AL: Ludwig von Mises Institute, 1996.

Hayek, Friedrich A. *Monetary Theory and the Trade Cycle*. Käänt. N. Kaldor & H. M. Croome. New York, NY: Sentry Press, 1933.

Huerta de Soto, Jesús. *Money, Bank Credit, and Economic Cycles*, Käänt. Melinda A. Stroup, 4. painos. Auburn, AL: Ludwig von Mises Institute, 2020.

Koppl, Roger. *From Crisis to Confidence: Macroeconomics after the Crash*. Lontoo: The Institute of Economic Affairs, 2014.

Mises, Ludwig von. *The Theory of Money and Credit*. Käänt. J. E. Batson. Auburn, AL: Ludwig von Mises Institute, 2009.

Mayer, Thomas. *Austrian Economics, Money and Finance*. Lontoo: Routledge, 2018.

Rothbard, Murray N. *America's Great Depression*. 5th ed. Auburn, AL: Mises Institute, 2000.

Rothbard, Murray N. *The Panic of 1819: Reactions and Policies*. Auburn, AL: Ludwig von Mises Institute, 2007.

Temin, Peter. *Lessons from the Great Depression*. Cambridge, MA: MIT Press, 1991.

Thornton, Mark. *The Skyscraper Curse: And How Austrian Economists Predicted Every Major Economic Crisis of the Last Century*. Auburn, AL: Mises Institute, 2018.

METODI JA TALOUDELLINEN PÄÄTTELY

Aimar, Thierry. *The Economics of Ignorance and Coordination: Subjectivism and the Austrian Economics*. Cheltenham, Iso-Britannia: Edward Elgar, 2009.

Alter, Max. *Carl Menger and the Origins of Austrian Economics*. New York, NY: Routledge, 2018 [1990].

Caldwell, Bruce J. *Beyond Positivism: Economic Methodology in the Twentieth Century*. Lontoo: Routledge, 1984.

Cubeddu, Raimondo. *The Philosophy of the Austrian Economics*. Käänt. Rachel M. Costa. Abingdon, Iso-Britannia: Routledge, 1993.

Endres, Anthony. *Neoclassical Microeconomic Theory: The Founding Austrian Vision*. Lontoo: Routledge, 1997.

Gunning, Patrick. *The New Subjectivist Revolution: An Elucidation and Extension of Ludwig Von Mises' Contributions to Economic Theory*. Lontoo: Rowman & Littlefield, 1991.

Gordon, David. *An Introduction to Economic Reasoning*. Auburn, AL: Ludwig von Mises Institute, 2000.

Hoppe, Hans-Hermann. *Economic Science and the Austrian Method*. Auburn, AL: Ludwig von Mises Institute, 2007.

Huerta de Soto, Jésus. *The Austrian School: Market Order and Entrepreneurial Creativity*. Cheltenham, Iso-Britannia: Edward Elgar, 2003.

Kirzner, Israel M. *The Economic Point of Law An Essay in the History of Economic Thought*. Kansas City, MO: Sheed and Ward, 1976 [1960].

Koppl, Roger & Mongiovi, Gary. *Subjectivism and Economic Analysis: Essays in Memory of Ludwig M. Lachmann*. Lontoo: Routledge, 1998.

Mises, Ludwig von. *Theory and History: An Interpretation of Social and Economic Evolution*. Auburn, AL: Ludwig von Mises Institute, 2007.

Mises, Ludwig von. *The Ultimate Foundations of Economic Science: An Essay on Method*. New York, NY: D. Van Nostrand, 1962.

Selgin, George A. *Praxeology and Understanding: An Analysis of the Controversy in Austrian Economics*. Auburn, AL: Ludwig von Mises Institute, 1990.

Sielska, Alicja, Jasiński, Łukasz & Turowski, Krzysztof. *Mengerian Economics*. Cheltenham, Iso-Britannia: Edward Elgar, 2023.

Spadaro, Louis M. *New Directions in Austrian Economics*. Kansas City, MO: Sheed Anders and McMeel, 1978.

SOVELTAVAT LÄHESTYMISTAVAT JA MUU KIRJALLISUUS

Arisson, Morten. *Investing in the Age of Democracy: Ten Lessons in Applied Austrian Economics*. Lontoo: Palgrave Macmillian, 2018.

Armentano, Dominick T. *Antitrust and Monopoly: Anatomy of a Policy Failure*. 2. painos. Oakland, CA: The Independent Institute, 1990.

Baetjer, Howard Jr. *Software as Capital: An Economic Perspective on Software Engineering*. Los Alamitos, CA: IEEE Computer Society, 1997.

Barnett II, William & Block, Walter E. *Essays in Austrian Economics*. New York, NY: Ishi Press, 2012.

Bayer, P. T. *Equality, the Third World, and Economic Delusion*. Cambridge, MA: Harvard University Press, 1981.

Block, Walter E.. *Labor Economics from a Free Market Perspective: Employing the Unemployable*. Lontoo: World Scientific, 2008.

Block, Walter E. *Property Rights: The Argument for Privatization*. Lontoo: Palgrave Macmillan, 2019.

Block, Walter E. & Jankovic, Ivan. *Action and Choice: An Introduction to Economics*. Singapore: Springer, 2022.

Boettke, Peter J. (toim.) *Handbook on Contemporary Austrian Eco-*

nomics. Cheltenham, Iso-Britannia: Edward Elgar, 2012.

Boettke, Peter J. & Coyne, Christopher J. (toim.) *The Oxford Handbook of Austrian Economics*. Oxford: Oxford University Press, 2015.

Boettke, Peter J. & Zywicki, Todd J. *Research Handbook on Austrian Law and Economics*. Cheltenham, Iso-Britannia: Edward Elgar, 2019.

Bragues, George. *Money, Markets, and Democracy: Politically Skewed Financial Markets and How to Fix Them*. New York, NY: Palgrave Macmillan, 2017.

Bylund, Per L. (toim.) *A Modern Guide to Austrian Economics*. Cheltenham, Iso-Britannia: Edward Elgar, 2022.

Bylund, Per. L. & Howden, David (toim.) *The Next Generation of Austrian Economics: Essays in Honor of Joseph T. Salerno*. Auburn, AL: Mises Institute, 2015.

Cordato, Roy E. *Welfare Economics and Externalities in an Open Ended Universe: A Modern Austrian Perspective*. New York, NY: Springer, 1992.

Coyne, Chistopher J. *After War: The Political Economy of Exporting Democracy*. Stanford, CA: Stanford Economics and Finance, 2008.

Coyne, Christopher J. & Leeson, Peter T. *Media, Development, and Institutional Change*. Cheltenham, Iso-Britannia: Edward Elgar, 2009.

D'Amico, Daniel J. & Martin, Adam G. (toim.), *Contemporary Methods and Austrian Economics*. West Yorkshire, Iso-Britannia: Emerald, 2022.

DiLorenzo, Thomas J. *The Problem with Socialism*. Washington, DC: Regnery Publishing, 2016.

Ebeling, Richard M. *Austrian Economics and the Political Economy of Freedom*. Cheltenham, Iso-Britannia: Edward Elgar, 2003.

Futerman, Alan G. & Block, Walter E. *The Austro-Libertarian Point of View: Essays on Austrian Economics and Libertarianism*. Singapore: Springer, 2021.

Gloria-Palermo, Sandye. *The Evolution of Austrian Economics: From Menger to Lachmann*. Lontoo: Routledge, 1999.

Godart-van der Kroon, Anette & Salerno, Joseph (toim.) *The Austrian School of Economics in the 21st Century: Evolution and Impact*. Cham, Sveitsi: Springer, 2023.

Hagemann, Harald, Nishizawa, Tamotsu & Ikeda, Yukihiro. *Austrian Economics in Transition: From Carl Menger to Friedrich Hayek*. New York, NY: Palgrave Macmillan.

Horwitz, Steven. *Austrian Economics: The Next Generation*. Bingley: Emerald, 2019.

Horwitz, Steven & Rouanet, Louis. *A Research Agenda for Austrian Economics*. Cheltenham, Iso-Britannia: Edward Elgar, 2023.

Howden, David (toim.) *Institutions in Crisis: European Perspectives on the Recession*. Cheltenham, Iso-Britannia: Edward Elgar, 2011.

Huerta de Soto, Jesús. *Theory of Dynamic Efficiency*. Abingdon, Iso-Britannia: Routledge, 2009.

Hülsmann, Jörg Guido & Kinsella, Stephan. *Property, Freedom, and Society: Essays in Honor of Hans-Hermann Hoppe*. Auburn, AL: Ludwig von Mises Institute, 2009.

Kirzner, Israel M. (toim.) *Method, Process, and Austrian Economics: Essays in Honor of Ludwig von Mises*. Lexington, MA: Lexington Books, 1983 [1982].

Kirzner, Israel M. *The Meaning of the Market Process: Essays in the Development of Modern Austrian Economics*. Lontoo: Routledge, 1992.

Koppl, Roger (toim.) *Explorations in Austrian Economics*. Bingley, Iso-Britannia: Emerald, 2008.

Leeson, Peter. *The Invisible Hook: The Hidden Economics of Pirates*. Princeton, NJ: Princeton University Press, 2011.

Palagashvili, Liya, Piano, Ennio & Skarbek, David. *The Decline and Rise of Institutions: A Modern Survey of the Austrian Contribution to the Economic Analysis of Institutions*. Cambridge, Iso-Britannia: Cambridge University Press, 2017.

Paramés, Francisco García. *Investing for the Long Term: My Experience as an Investor*. Chichester: Wiley, 2018.

Raico, Ralph. *Classical Liberalism and the Austrian School*. Auburn, AL: Ludwig von Mises Institute, 2012.

Rockwell, Llewellyn H. Jr. (toim.) *The Free Market Reader: Essays in the Economics of Liberty*. Burlingame, CA: Ludwig von Mises Institute, 1988.

Salin, Pascal. *Tax Tyranny*. Cheltenham, Iso-Britannia: Edward Elgar, 2020.

Sotirakopoulos, Nikos. *The Rise of Lifestyle Activism: From New Left to Occupy*. Lontoo: Palgrave Macmillan, 2016.

Spitznagel, Mark. *The Dao of Capital: Austrian Investing in a Distorted World*. New York, NY: Wiley, 2013.

Stringham, Edward. *Private Governance: Creating Order in Economic and Social Life*. Oxford: Oxford University Press, 2015.

Storr, Virgil & John, Arielle. *Cultural Considerations Within Austrian Economics*. Cambridge, Iso-Britannia: Cambridge University Press, 2020.

Taghizadegan, Rahim, Stöferle, Ronald, Valek, Mark & Blasnik, Heinz. *Austrian School for Investors: Austrian Investing between Inflation and Deflation*. Itävalta: mises.at, 2015.

Thornton, Mark. *The Economics of Prohibition*. Salt Lake City, UT: University of Utah Press, 1991.

Vaughn, Karen I. *Austrian Economics in America: The Migration of a Tradition. Cambridge*, Iso-Britannia: Cambridge University Press, 1994.

Vaughn, Karen I. *Essays on Austrian Economics and Political Economy*. Mercatus Center at George Mason University, 2021.

Hakemisto